中国古代陶瓷思维研究

◎ 吴秀梅 著

天津出版传媒集团
天津科学技术出版社

图书在版编目(CIP)数据

中国古代陶瓷思维研究 / 吴秀梅著. -- 天津 : 天津科学技术出版社, 2023.3
ISBN 978-7-5742-0824-7

Ⅰ. ①中… Ⅱ. ①吴… Ⅲ. ①古代陶瓷－研究－中国 Ⅳ. ①K876.34

中国国家版本馆CIP数据核字(2023)第022691号

中国古代陶瓷思维研究
ZHONGGUO GUDAI TAOCI SIWEI YANJIU

责任编辑：张　萍
责任印制：兰　毅
出　　版：天津出版传媒集团 / 天津科学技术出版社
地　　址：天津市西康路35号
邮　　编：300051
电　　话：（022）23332490
网　　址：www.tjkjcbs.com.cn
发　　行：新华书店经销
印　　刷：定州启航印刷有限公司

开本 710×1000　1/16　印张 12.5　字数 190 000
2023年3月第1版第1次印刷
定价：78.00元

前言

陶瓷是陶器和瓷器的总称，其中用陶土烧制的器皿称为陶器；用瓷土制胎，再施釉，最后经高温烧成的器皿称为瓷器。中国古代陶瓷文化源远流长，早在新石器时代，中国古代先民即抟土作陶，掌握了制陶技术。瓷器的出现稍晚于陶器，是我国古代劳动人民的一项伟大发明。伴随着古代陶瓷烧制技术的发展，我国陶瓷制作取得了辉煌的成就。不但品种多，用途广，且历朝历代均涌现出大量名窑优质陶瓷器，价重艺林，蜚声中外。

中国古代陶瓷兼具实用性和美观性，其烧制受到我国古代造物思想的较大影响，而中国古代造物思想则深受古代哲学思想的影响。相应地，中国古代陶瓷作为古代最为重要和常见的器具，其制作也深受中国古代哲学思想的影响。

中华民族拥有光辉灿烂的传统文化，而中国古代哲学则是古代传统文化中的精华。中国古代哲学思想博大精深，体系庞杂，并以其独特的思维方式跻身于世界三大哲学传统之列。中国古代哲学深深地根植于中华民族的土壤中，与中华民族独特的地理环境、自然经济以及政治制度、科学技术的早期发展有着密切的联系。

中国古代哲学思想属于意识形态范畴，中国古代哲学对中国古代陶瓷的影响则借助古代美学思想得以实现。中国古代美学思想受到中国古代哲学思想的直接影响，并且将不同哲学思想转化为独特的审美思想，进而对古代陶瓷的功能、造型、装饰等产生影响。

本书第一章，中国古代陶瓷文化发展纲要，对中国古代陶瓷的发展概述、功能、装饰进行了详细研究。

本书第二章，通过中国古代老庄哲学思想概述、老庄哲学思想对中国古代陶瓷造型的影响、老庄哲学思想对中国古代陶瓷纹饰的影响、老庄哲学思想对中国古代陶瓷色彩的影响四个方面对中国古代陶瓷中蕴含的老庄哲学思想进行了研究。

本书第三章，通过先秦儒家哲学思想概述、先秦儒家哲学思想对中国古代陶瓷功能的影响、先秦儒家哲学思想对中国古代陶瓷造型的影响、先秦儒家哲学思想对中国古代陶瓷装饰的影响四个方面对中国古代陶瓷中蕴含的先秦儒家哲学思想进行了详细研究。

本书第四章，通过中国禅宗思想概述、禅宗思想对中国古代陶瓷造型的影响、禅宗思想对中国古代陶瓷装饰的影响、禅宗思想对中国古代陶瓷意境美的影响四个方面对中国古代陶瓷中蕴含的禅宗思想进行了详细研究。

本书第五章，通过中国古代理学思想概述、理学思想对中国古代陶瓷功能的影响、理学思想对中国古代陶瓷造型的影响、理学思想对中国古代陶瓷装饰的影响四个方面对中国古代陶瓷中蕴含的理学思想进行研究。

本书以理论研究为基础，对中国古代哲学与中国古代陶瓷文化两者之间的关系进行了详细分析与阐释，开创了中国古代陶瓷文化研究的新视角，对中国古代陶瓷文化研究具有独特的创新作用，可供对古代陶瓷感兴趣的读者作为参考书使用。

目 录

第一章　中国古代陶瓷文化发展纲要

第一节　中国古代陶瓷的发展概述

陶瓷，被誉为“泥与火”的艺术，泥与火的融合，改变了自然黏土的物理及化学性质，从而成器。中国是世界上最早发明陶瓷的国家，且在数千年中经过不断探索、普及、工艺的提升，形成了博大精深、光辉灿烂的陶瓷文化。本节主要对中国古代陶瓷的历史发展进行概述。

一、先秦之前的中国古代陶瓷

中国古代陶瓷起源于原始社会时期。中国古代原始先民在与大自然的搏斗中学会了用火，而陶瓷是一项泥与火的艺术。取水合泥后，将泥丢入火中，经高温烧制后，泥料的物理性发生变化，变得硬而密实，即便再遇水也不会重新变成泥。原始先民在与大自然漫长的斗争中逐渐掌握了取火、用火的方法，并发现了泥块遇火变硬的现象，为原始陶器的出现提供了基础条件。迄今为止，原始陶瓷究竟起源于何时，尚待定论。

在陶器出现之前，人类已经能够按照自己的需要制造出石器、骨器、木器等工具和日常生活用具，然而这些器物是人类通过改变自然事物的特性得到的。原始陶器则是一种既改变自然事物的物质形态，又改变自然事物本质的工艺创作。恩格斯将原始陶器的出现视为新石器时代开始的标志。①

关于原始陶器的起源，自古以来，国内外学者众说纷纭。中国古代典籍中记载了“女娲抟土造人”“神农作瓦器”“舜耕历山”“黄帝陶正”“昆吾作陶”等神话传说。从这些神话传说中可以看出，中国原始陶器的发展经历了漫长

① 中共中央马克思恩格斯列宁斯大林著作编译局．马克思恩格斯选集：第 4 卷 [M]. 北京：人民出版社，1972：19.

的摸索过程，是原始先民共同劳动实践的结晶。

原始陶器的出现与发展离不开新石器时期的经济和生活背景。新石器时代，伴随着原始农业、原始畜牧业的初步发展，以及定居生活方式的出现，原始先民产生了盛煮食物的客观要求。原始先民在漫长的实践中逐渐掌握了陶器制作的方法。根据人类现阶段掌握的考古资料来看，原始人类在发明陶器以及提高陶器制作工艺的过程中，应当具备五个方面的知识。

其一，了解火并掌握取火、用火技术。

其二，了解和掌握泥土（黏土）的性质特点。

其三，了解和掌握黏土成型技术。

其四，了解陶器在日常生活中的功能。

其五，了解人类对造型的审美鉴赏能力的相应发展。

新石器时代中晚期，随着原始先民制作陶瓷水平的不断发展，原始陶器制作技术获得了较大发展。

从中国境内现有考古资料来看，中国新石器时代的原始陶器的发展经历了从原始到成熟，从初期到高级的发展过程（表 1–1）。

表1–1　中国新石器时代原始陶器发展一览表

阶段	原始文化遗址 / 类型	特点 / 代表陶器
原始阶段	江苏溧水神仙洞	火候低，质地疏松易碎、陶片的厚度不均匀，器壁凹凸不平
	江西万年仙人洞	绳纹、篮纹、方格纹粗砂红陶
	广西桂林甑皮岩	以素面夹砂陶器为主
发展阶段（距今七八千年）	河南裴李岗文化	多采用泥条盘筑法，陶质比较疏松，表皮容易剥落
	河北磁山文化	代表陶器：红陶盂 以夹砂红陶为主，胎壁较厚，表面粗糙
	陕西老官台文化	以三足钵、圜底钵等为主
	山东北辛文化	以夹砂黄褐陶和泥质红陶为主
	浙江河姆渡文化	黑夹炭末的黑陶
	湖南彭头山文化	将稻壳用作陶胎的主要掺和料

续　表

阶段	原始文化遗址 / 类型		特点 / 代表陶器
成熟阶段 新石器时代中晚期（距今五六千年至四千多年）	黄河中下游流域	仰韶文化	人面鱼纹盆
		马家窑文化	彩陶涡纹曲腹盆
		大汶口文化	红陶三足折腹鼎
		龙山文化	蛋壳黑陶高足杯
		齐家文化	红陶盉
	长江中下游流域	大溪文化	陶篮、筒形彩陶瓶
		屈家岭文化	蛋壳彩陶、彩陶纺轮、红陶小动物
	东南沿海地区	马家浜文化	黑陶贯耳罐
		良渚文化	高圈足镂孔豆、高颈贯耳壶
		昙石山文化	棕红色彩绘陶壶
		石峡文化	细绳纹陶釜、镂孔矮圈足盘
	东北地区	新乐文化	之字纹深腹罐
		红山文化	钩旋纹彩陶器

资料来源:《中国陶瓷史》等书籍。

从表 1–1 中可以看出，中国新石器时代的原始陶器经历了漫长的发展过程，新石器时代中晚期的原始陶器进入繁荣时期，陶器的制作工艺、烧成工艺、装饰工艺均发展成熟，形成了极具东方民族特色的独树一帜的原始陶器文化。

公元前约 22 世纪至公元前 17 世纪，距今 4000 多年，黄河中下游地区建立了以夏族部落为主的初级奴隶制国家，开启了中国古代的奴隶制度时代。夏商周以及春秋时期，中国古代陶器的烧制和装饰工艺获得了较大发展。夏商周、春秋时期陶器特点如下表 1–2 所示。

表1–2　夏商周、春秋时期陶器特点一览表

项目	夏	商	周	春秋
烧制工艺	馒头窑 穹顶弧壁形似馒头，烧制温度较高，烧制出了质地坚硬的陶器	龙窑 窑内结构更加合理，扩大了窑腔的装烧量，提高了窑内温度，为陶器向瓷器的发展提供了必要的技术条件	多为馒头窑，少量龙窑	馒头窑、龙窑、横穴窑

续 表

项目	夏	商	周	春秋
胎质	泥质灰陶和夹砂灰陶	早期以灰陶为主，另有夹砂陶；中期以泥质夹陶、夹砂灰陶为主	以灰陶为主	灰陶，少有夹砂红陶、棕陶
色彩	以灰陶为主，少量黑陶，偶有红陶和白陶	灰陶、粗砂红陶、黑陶和白陶	灰陶、红陶为主	灰陶、红陶、棕陶
纹饰	篮纹、方格纹、绳纹、圆圈纹、堆纹、划纹和弦纹	以绳纹为主，或有云雷纹、圈点纹、饕餮纹、谷纹、云雷纹、回纹、乳钉纹	绳纹为主	粗绳纹和瓦纹为主，少量弦纹、划纹、附加堆纹和暗纹
器型	鼎、罐、甑、盂、觚、豆、簋、钵、盘、盆、瓮、缸	鼎、鬲、簋、爵、甑、觚、盂、罐、三足盘、缸、盆、大口尊	器型较少，以两足、圈足和平底为主	以平底器和鬲足器为多，少量圈足器

资料来源:《中国陶瓷史》等书籍。

从表 1–2 中可以看出，夏商时期的陶器艺术发展较快，但周代和春秋时期的陶器器型和纹饰类型相对较少。夏商时期的陶器类型主要为灰陶器和白陶器。其中白陶器与灰陶器相比胎质更加坚硬和洁净，因此在夏商时期多被统治阶级和贵族所享用。

夏商周时期出现了大量印纹硬陶，标志着这一时期陶器烧制工艺的进步，由于印纹硬陶中含有大量铁元素，因此其胎质多呈现紫褐色、红褐色、灰褐色和黄褐色。

随着陶器烧制工艺的发展，窑内温度的升高，大约商代中期出现了原始瓷器。商代中期随着陶器烧制工艺的进步，出现了窑温较高的馒头窑和龙窑，同时出现了釉，为原始瓷器的出现奠定了重要条件。陶器与瓷器的区别如下表 1–3 所示。

表1–3　陶器与瓷器的区别一览表

类型	陶器	瓷器
胎体材料不同	陶土	瓷土（高岭土）

续　表

类型	陶器	瓷器
烧成温度不同	700 ~ 800 ℃	1 300 ℃以上
施釉及效果不同	胎体表面不施釉或施低温铅釉，胎釉结合不紧密，釉层易剥落	胎体表面施高温釉，胎釉结合的紧密，釉层不易剥落
性能不同	吸水性较强	吸水率低
音质不同	叩之发声沉闷	叩之发声清脆
美观度不同	表面较粗糙	有光泽，表面晶莹透亮

资料来源:《陶瓷工艺学》等书籍。

原始瓷器的发展经历了从初级到高级，从原始到成熟的过程。根据现有考古资料，中国古代原始瓷器大约出现于商代中期，原始瓷器表面所施的釉料多为高钙石灰釉，而由于釉内含铁量较高，烧成后呈现青绿色（也存在黄绿色或青灰色），因此原始瓷器又称为原始青瓷。

由于与陶器相比，原始瓷器无论性能还是美观程度均优于陶器，因此呈现出强大的生命力。周代，原始瓷器的烧制工艺较商代更加进步，原始瓷器的数量也相对增加。然而从总体上来看，商周时期的原始瓷器还处于初级阶段。

春秋战国时期，伴随着我国从奴隶社会向封建社会的过渡，社会进入诸侯国竞相争霸时代。各诸侯国为了增强国力，纷纷采取富国强兵的措施，极大地促进了社会生产力的快速发展。随着社会工商业的发展以及思想方面的百花齐放，陶瓷生产进入新的发展时期。

这一时期，无论陶器还是原始瓷器的烧制技术均有了较大进步。春秋战国时期，陶器的器型设计除夏商周常见的鼎、瓮、盆、碗、钵、盘之外，还出现了高柄小壶、细脚盘豆、盘口瓶、莲瓣豆、盂、带盖簋、带盖壶、陶豆等。这些器型大多沿袭了同时代青铜器造型的特点，从陶器纹样来看，出现了简洁规整的篦纹、网纹、绳纹、弦纹、暗纹。除了陶器印纹之外，在陶器装饰上还出现了大量用作盖钮或器脚的塑饰。此外，陶器设计的彩绘技艺得到了长足发展。

除了陶器之外，这一时期原始瓷器的发展也取得了较大进步。原始青瓷的造型设计更加规整，釉色和饰纹更加美观，器型种类更加丰富。

二、秦汉南北朝时代的中国古代陶瓷

公元前221年，秦王朝建立，结束了战国群雄割据的局面，建立了大一统封建国家。秦王朝建立后，在全国范围内推行了一系列政治、经济、文化政策，有力地巩固了中央集权制度，促进了各民族之间的融合。

继秦代之后，汉代的封建政权更加巩固，疆域不断扩大，并且与周边国家和地区建立了良好的外交关系，有力地推动了社会生产力的提高。伴随着汉朝国力的日益强盛，汉朝的陶瓷制作取得了飞跃式的发展。

东汉末年至魏晋南北朝时期，社会长期处于战乱和动荡状态，在客观上促进了民族大融合和不同地区之间的文化和经济交流，推动我国陶瓷制作进入了新的发展时期。

（一）秦汉南北朝陶器

从现有考古发掘来看，秦代陶器以大型陶俑为代表。其中，秦始皇兵马俑形象逼真、胎质坚硬、雕刻栩栩如生，代表了秦代制陶的较高水平。印有统一全国度量衡制度“诏版”的陶量，既反映了秦代高超的制陶技术，又保存了秦篆书法的真实面目，也是实现统一和促进经济发展的历史见证。[①]

与秦代相比，汉代陶器更加丰富多彩，主要包括以下几种类型。

1.彩绘陶器

彩绘陶是用黑、红、黄、绿、白等颜色在烧成的陶器上面描画图案而制

① 叶喆民.中国陶瓷史[M].北京：生活·读书·新知三联书店，2006：81.

成的陶器。彩绘陶器表面的图案易脱落，具有鲜明的时代特色。

2. 无釉的素胎或印纹硬陶

无釉的素胎或印纹硬陶多为祭祀用陶器，个别胎质坚硬，加印有花纹。

3. 翠绿釉陶器

翠绿釉陶器多为祭祀用陶器，色彩光艳夺目，滑润欲滴。

4. 栗黄色加彩釉陶器

栗黄色加彩釉陶器釉色莹润，光亮透体，纹样简洁，色调和谐。

5. 茶黄、黄褐釉陶器

茶黄、黄褐釉陶器胎质坚细，敷釉较薄，工艺水平较高。

6. 陶制模型和塑像

陶制模型和塑像表情、动作生动形象，其中不乏精品之作。

东汉时期，随着瓷器烧制工艺的不断进步和成熟，陶器的种类和数量下降，瓷器获得较大发展。

（二）秦汉南北朝瓷器

自商代瓷器出现后，经过周代、春秋、秦和西汉制瓷工艺的发展，到了东汉时期，中国古代人民的制瓷工艺已达到了较高水平。通过历朝历代对陶瓷原料的筛选，陶器釉料的配制和施釉技术、窑炉和窑温的不断改进，对烧成气氛的控制等方面的研究，东汉时期具备了烧制成熟瓷器的条件，出现了大量成色较好的青釉瓷器和黑釉瓷器（表 1–4）。

表1–4　瓷器烧成条件一览表

序号	基本条件	东汉青瓷烧成条件
1	原料选择	浙江上虞、绍兴、余姚、萧山、东阳、兰溪、龙泉及温州地区均盛产瓷石，东汉瓷器多在浙江上虞一带出土。由此可见，时人们已寻找到制作瓷器的良好原料

续 表

序号	基本条件	东汉青瓷烧成条件
2	高温胎釉的烧成	汉代瓷器烧成温度已达 1 200 ℃以上
3	窑温控制	浙江上虞一带古窑较多，且窑型以龙窑为多，而龙窑有利于提高瓷器烧成温度

资料来源:《陶瓷工艺学》《中国陶瓷史》等书籍。

魏晋南北朝时期，新兴制瓷业获得了较快发展。全国各地形成了大量瓷窑，大致可以划分为江苏、浙江、福建、江西一带，湖南、湖北、四川一带，河南、河北、山西、山东一带。各地的陶瓷器具特色不同，呈现出百花争艳的特点。自东汉晚期和魏晋南北朝开始，我国青瓷形成了贯通南北的独立系统。

除了青瓷之外，根据有关考古资料，南北朝时还出现了青釉绿彩瓷器和黄釉瓷器。

秦汉魏晋南北朝时期，我国古代陶瓷器物呈现出新的设计风格，即实用功能与审美外观相结合。这一时期除了常见的陶瓷炊器、饮器、食器和盛装器具之外，还出现了博山炉等器具。陶瓷器具的纹饰大多体现出质朴的美感。装饰花纹较为简朴，釉色则更加光亮、细腻、透明、莹润。

三、隋唐五代时期的中国古代陶瓷

隋唐时期结束了我国历史上长达 4 个世纪的政权分裂割据局面，使得长期分裂的黄河流域和长江流域的经济和文化重新交流与融合，促使中国古代陶瓷业走向和繁荣。隋唐五代时期是中国古代陶瓷发展的重要时期，尤其是唐代，中外文化交流密切，政治稳定，经济繁荣，出现了继汉以来波澜壮阔的古代文化高潮。隋唐五代时期瓷器特征如表 1–5 所示。

表1-5　隋唐五代时期瓷器特征一览表

项目	隋代	唐、五代
釉色	青瓷仍然居于主流地位，除了南方之外，北方出现了专门的青瓷窑场 除青瓷外，白瓷烧制成功，是隋代陶瓷的重要成就	青瓷、白瓷、彩色瓷
窑厂	河南安阳窑、河南巩县窑、河北磁州窑、河北邢窑、河北井陉窑、山东寨里窑、中陈郝北窑、朱陈窑、安徽寿州窑	青瓷窑： 南方越窑、浙江温州窑、浙江婺州窑、安徽寿州窑、四川贡崃窑、江西洪州窑、广东西村窑、陕西耀州窑、湖南长沙窑、湖南岳州窑 白瓷窑： 邢窑、定窑、磁州窑、河南密县窑、河南巩县窑、山西浑源窑、江西景德镇窑、江西婺源窑 五代名窑：柴窑
胎质	北方青瓷胎质粗松、胎体厚重、胎色灰白色；南方青瓷胎质致密、胎体较薄、胎色青灰色	胎质更加细腻致密，釉色更加匀净光润
装饰	隋代陶瓷器的纹饰分类更加细致，出现了几何纹、弦纹、绳纹、双圈纹、连珠纹等抽象纹饰；莲瓣纹、忍冬、葵花瓣、团花、宝相花、梅花、树叶等写实纹饰;龙、凤、蟠螭、象首等神话传说中的动物纹饰，以及少量人物纹饰	唐五代时期，陶瓷装饰技法获得了较大创新和发展 自汉代以来，我国瓷器装饰多以胎体表面装饰为主，而唐代陶瓷则更加注重釉色装饰，出现了花釉瓷器、黑釉瓷器、纹胎和纹釉瓷器，其中，越窑以千峰翠色而闻名于世
造型	以碗、盘、杯、尊为主的饮食器 以壶、罐、盆、盒为主的盛贮器 以炉、灯、熏、烛台、唾盂为主的生活器 以砚台、水盂为主的文房器 以拍鼓、棋盘为主的娱乐器 以枕、奁、柜、凳、凭几等为主的家具模型	手法多样，出现了大量仿生陶瓷，以及仿青铜器造型 实用性增强，适用于社会生活的各个方面 受外来文化影响较大，这一点在唐代瓷器中体现极其明显

资料来源:《中国陶瓷史》等书籍。

除了瓷器之外，隋唐五代时期的陶器以唐三彩陶器最为出彩。唐三彩是以白色黏土为胎，胎体表面施铅釉，釉中以铁、铜、锰、钴等多种金属为呈色剂，在 750 ~ 850 ℃的温度上焙烧而成。

唐三彩的“三彩”意为多彩，包括绿、黄、赭、褐、红、白、蓝、黑等诸多色彩。有的一色多用，有的多种颜色混合使用。唐三彩富丽堂皇，华丽动人。

唐三彩根据功能不同，可以划分为殉葬品和日用器皿两种类型。唐三彩的主要成就即突破了以往单色釉的局限，运用多种釉色和手法对陶器进行装饰，取得了动人的艺术效果。除此之外，唐三彩的造型兼具现实主义和浪漫主义的特点，造型丰富，独具一格。

四、宋元时期的中国古代陶瓷

宋代是我国古代陶瓷发展的高峰时期，陶瓷烧制工艺得以大幅提高。

（一）宋代陶瓷

宋代制瓷业繁荣是宋代政治、经济、社会各方面因素共同作用的结果，同时也是宋代社会、经济、文化繁荣的反映。宋代陶瓷史家通常基于多种瓷窑体系的形成来对宋代瓷业的发展进行梳理。不同瓷窑体系一般根据各窑产品的工艺、釉色、造型、装饰等因素进行划分。宋代瓷窑大体可以划分为六大体系（图 1–1）。

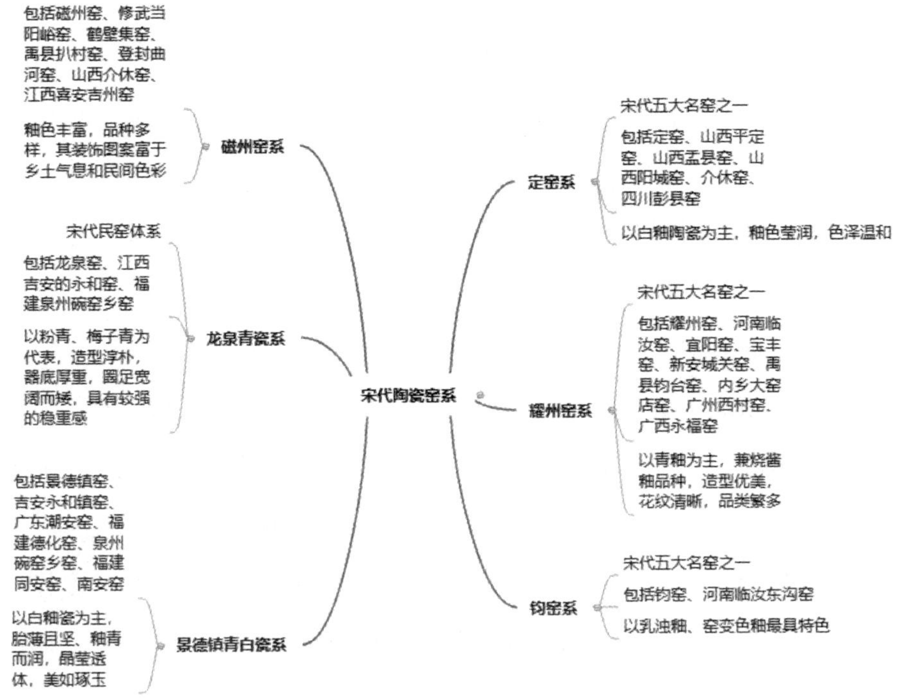

图1-1　宋代六大窑系示意图

（资料来源：《中国陶瓷史》等书籍）

1.定窑系

定窑系包括定窑、山西平定窑、山西盂县窑、山西阳城窑、介休窑、四川彭县窑等，其中以定窑最具代表性。

定窑是宋代著名瓷窑之一，也是宋代五大名窑之一。宋代定窑产品以白瓷为主，此外也有黑釉、紫釉、绿釉瓷器，而白釉瓷器最具代表性。定窑瓷器釉色莹润，色泽温和。陶瓷器的装饰特征为纹饰布局严谨，层次分明，线条清晰，繁密有致；装饰技法主要包括刻花、划花、印花、剔绘花、浮雕等。

纹饰种类极其丰富，包括水波纹、游鱼纹、走兽纹、飞禽纹、婴儿纹、花卉纹、云龙纹等。其中，花卉纹饰最为常见，以牡丹纹、莲花纹、菊花纹等为代表。飞禽纹以凤凰纹、孔雀纹、鸳鸯纹、芦雁纹、野鸭纹等为代表。此外，花卉与动物纹饰常结合在一起。

宋代定窑所生产的白瓷器多为日常用具，包括碗、盘、罐、瓶、盂、盒、枕、灯、柳斗盂、孩儿枕、泗龟等。

宋代定窑瓷器大多采用覆烧方法烧制。宋代定窑属于官窑，带“官”字的各种题款多达十多种。

2. 耀州窑系

耀州窑创烧于唐代，宋代耀州窑系以青瓷最为出名，耀州窑系包括耀州窑、河南临汝窑、宜阳窑、宝丰窑、新安城关窑、禹县钧台窑、内乡大窑店窑、广州西村窑、广西永福窑等，其中以耀州窑最具代表性。

耀州窑所产瓷器色彩以青釉为主，兼烧酱釉品种。瓷器品种多样，富于变化，造型优美，花纹清晰，品类繁多，包括瓶类器皿、炉类器皿、碗碟类产品等。

耀州窑瓷器装饰技法以刻花、印花为主，其中，花纹刻画技巧精熟，刀法犀利，生动活泼。印花纹饰取材广泛，代表性纹饰包括折枝莲、菊花、牡丹、游鱼、凫鸭、仙鹤、飞蛾、婴戏等。

3. 钧窑系

钧窑系在北方瓷窑体系中形成时间最晚，主要包括钧窑、河南临汝东沟窑等。其中，钧窑最具代表性。

钧窑是宋代五大名窑之一，属于北方青瓷系统。钧窑的产品根据色釉不同，大体可以划分为两种类型。

一种是蓝色乳光釉。不同产品的蓝色乳光釉的浓淡不同，具体可以划分为天青、天蓝、月白等品种，均泛有优雅的蓝色光泽，极其美丽。另一种是窑变色釉。釉色青中带红，如同晚霞一般绚烂美观。

此外，钧窑瓷器的表面还有蚯蚓走泥纹，极其独特。

宋代传世钧窑瓷器中带有铭文的较少，常见铭文以数字编号居多，也有刻有“奉华”“省符”等铭文字样的器具。

4. 磁州窑系

磁州窑系未被列入宋代五大名窑之列，属于宋代北方最大的民窑体系，然而其风格却在宋瓷中独树一帜。磁州窑系包括磁州窑、修武当阳峪窑、鹤壁集窑、禹县扒村窑、登封曲河窑、山西介休窑、江西喜安吉州窑等，其中以磁州窑最具代表性。

磁州窑系所烧制的瓷器品种多样，瓷器釉色丰富，包括白釉、黑釉、白釉刻花、白釉剔花、白釉绿斑、白釉褐斑、白釉釉下黑彩、白釉釉下酱彩、白釉釉下黑彩划花、白釉釉下酱彩划花等。

磁州窑的瓷器产品装饰以富有乡土气息和民间色彩而闻名，在宋瓷中别具一格。磁州窑的产品主要为日用产品，包括碗、盘、壶、罐、钵、瓶、灯、枕等。其中瓷枕的制作最为出众，瓷枕的装饰手法以绘、划、剔、刻、印等为主。装饰纹饰，包括花卉、芦雁、鹭鸶、仙鹤、龙、虎、熊戏、马戏、双婴蹴鞠、柳岸观鱼、河边垂钓、莲池赶鸭等。这些图案纹饰多为民间喜闻乐见之物，极其生动。除此之外还存在大量诗词装饰的瓷器。

宋金时期，磁州窑采用的铭记主要有“张家造”“张家枕”“滏源王家造”“王氏寿朋”“刘家造”“李家造”“申家造”等。

5. 龙泉青瓷系

龙泉窑系属于南方青瓷系统，属于宋代民窑体系，是宋代民窑中兴起最晚的窑系。宋代龙泉青瓷系包括龙泉窑、江西吉安的永和窑、福建泉州碗窑乡窑等，其中以龙泉窑最具代表性。

龙泉窑创烧于北宋初年，南宋时进入极盛期，明代中期走向衰落。宋代龙泉窑以青瓷为主，具体可划分为白胎青瓷和黑胎青瓷两种类型，其中粉青、梅子釉等色釉较为独特。龙泉窑器具以日用品为主，造型淳朴，器底厚重，圈足宽阔而矮，具有较强的稳重感。

6. 景德镇青白瓷系

景德镇青白瓷系主要包括景德镇窑、吉安永和镇窑、广东潮安窑、福建德化窑、泉州碗窑乡窑、福建同安窑、南安窑等，其中以景德镇窑为代表。景德镇窑系以烧制青白瓷而闻名。

景德镇古名新平镇及昌南镇，宋代景德年间始称景德镇。宋代景德镇窑所生产的产品以青白瓷为主，且以影青最具代表性，主要器具包括碗、盘、壶、瓶、炉、枕等。其装饰手法以刻画花纹为主，装饰题材以水波、莲花、牡丹、游鱼、飞凤为主。其特征主要为胎薄且坚、釉青而润，晶莹透体，美如琢玉。

除了以上六大窑系之外，宋代名窑还包括官窑、汝窑、哥窑等。

（二）元代陶瓷

元代陶瓷在中国古代陶瓷史上占有极其重要的地位，元代陶瓷窑厂主要包括钧窑、磁州窑、霍窑、龙泉窑、德化窑等。与宋代陶瓷相比，元代陶瓷烧制工艺的进步体现在以下三个方面。

1. 制胎原料革新

元代制胎原料更加进步，烧制工艺提高，有效减少了器物在烧制过程中的变形，提高了元代大型瓷器烧制的成功率。

2. 瓷器品种的革新

成功烧制出青花、釉里红等瓷器

3. 颜色釉的烧制成功

高温烧制成卵白釉、红釉、蓝釉等

除以上三个方面外，元代时期，景德镇窑获得了较大发展，为明清两代景德镇制瓷工艺的发展奠定了重要基础。

总体上而言，宋代瓷器以自然纯朴，简洁适用的风格为主。宋代瓷器较之前朝代风格更加多元化，造型更加多样化，釉色更加莹润。

从造型上来看，宋代瓷器的造型风格以简洁优美为主，同时其各个部分之间的比例非常谐调，已臻化境。例如，宋代的玉壶春瓶，其造型由唐代寺院的净水瓶演变而来，撇口、细颈、垂腹、圈足，整个造型的颈部细长，颈部中央微微收束，颈部向下逐渐加宽过渡为杏圆状下垂腹，整个器型的线条变化缓慢、柔和、圆润，各个部位的比例十分和谐，如同一位身姿优雅的美人，增一分则显胖，减一分则显瘦，令人浮想万千，叹为观止。

从装饰上来看，宋代瓷器装饰技法更加多样，其中包括刻花、剔花、印花、镂空、堆贴、浮雕等，且常常多种技法同时运用于一件瓷器上。纹饰题材更加丰富，纹饰图案较前代更加生动、自然，活灵活现。从釉色上来看，宋代瓷器釉色厚润，色泽亮丽且多变，通常同一窑中出产的同一颜色釉瓷器也呈现出深浅不一的色泽。

元代瓷器在中国瓷器史上起着重要的承上启下的作用。作为中国历史上第一次由少数民族统一全境的王朝，拥有中国历史上最大的疆域，地域异常辽阔。为了促进元朝社会经济的发展，统治阶级大力推动手工业的发展，元代瓷器对唐宋以来的瓷器制作工艺和风格进行了扬弃，从而使中国瓷器迈入新的时代。

从瓷器工艺来看，元代瓷器工艺更加成熟，采用了新技术和新材料，完成了从色釉瓷器朝着彩绘瓷器的转变，标志即是元青花的出现。元青花的出现对我国瓷器的审美产生了重大影响，以纯色釉为主的瓷器开始朝着丰富多样的彩绘瓷器转变。除了色彩浓艳亮丽的青花图案之外，元代还创烧出天蓝釉、月白釉、蓝釉、釉里红、三彩、五彩、红绿彩、描金、珐华彩、金银彩、绿地墨彩、沥线彩，以及孔雀绿釉等低温釉瓷器，为明清时期，颜色釉的大发展和大繁荣奠定了重要基础。

从瓷器造型来看，元代瓷器的造型融入了较多蒙古民族和异域文化的审美，以器形高大，胎体厚重而著称，出现了高达 1 米的大花瓶和直径远超普通瓷器的瓷盘和瓷碗。此外，还创烧出高足碗、菱口碗、凤尾尊等器型。

从瓷器装饰来看，元代的瓷器图案纹饰更加丰富，在传统图案纹饰之外，还出现了大量以文字为装饰的纹饰。从装饰技法上来看，出现了点褐彩斑和露胎雕等创新装饰。

五、明清时期的中国古代陶瓷

在中国古代瓷器史上，明清陶瓷处于一个万紫千红的时代，造型、装饰、技艺均呈现出多姿多彩，蔚为大观的特色。

明代瓷器的造型较元代产生了重要变化。明代陶瓷从功能上来看大体划分为三种类型，即日常生活陶瓷、文房娱乐陶瓷、仿制古代礼器的祭祀陶瓷。明代瓷器的造型保留着元代陶瓷造型的痕迹，如梅瓶、盖罐、高足杯等基本延续了元代陶瓷的造型，然而审美风格呈现出比例相称、轻巧别致又不失平稳的特点。明宣德、成化时期，日常用瓷器的器型朝着精致、别出心裁的方向发展，因此出现了注重纤巧的鸡心碗、葵口（菱花）式盘和碗，以及长圆腹执壶、扁腹绶带葫芦瓶、僧帽壶、高足杯、鸡缸杯，高士杯、天字罐、黄釉双耳罐等，还出现了具有伊斯兰风格的器型，如双耳扁瓶、天球瓶等。

明代瓷器的装饰色彩、纹饰和技法也呈现出丰富多样的特点。明代瓷器的色釉相比宋元陶瓷色釉更加丰富，出现了斗彩、五彩等新的色釉工艺。

明代瓷器图案往往由主题纹样和辅助纹饰组成。常见的主题纹样有植物，如牡丹、菊花、莲花、牵牛花、灵芝、石榴、葡萄、松竹梅等；有动物，如龙、凤、麒麟、狮子，海马、鱼、鸳鸯等。其他有八宝(法轮、法螺、宝伞、白盖、莲花、宝罐、金鱼、盘肠)，杂宝(卷轴书画、鼎、元宝、锭、珠、犀角、磬、方胜、珊瑚、灵芝等)等。辅助纹饰有缠枝花草、锦地、回纹、钱纹、云纹等。

清代瓷器的风格从总体上继承了明代的风格，中后期则走向烦琐堆饰，在技术上达到登峰造极的地步，然而总体格调上则稍显平庸。

清代陶瓷造型呈现出精致规整、构思复杂的特点，在传统器型上进行了诸多创新。从瓷器装饰来看，清代陶瓷装饰复杂多样，釉彩丰富多变，常将多种装饰手法集中于一个器物。

除了瓷器之外，明清时期的紫砂壶作为一种陶器横空出世，迅速成为备受人们喜爱的瓷器。从造型上来看，紫砂壶造型式样繁多，以朴拙而精巧、各具特色著称。从装饰上来看，紫砂壶的色彩以红、紫、绿三种居多，最大限度地保留了紫砂壶的泥质本色，以不挂釉为特色，后期也出现了一些以釉彩作装饰的紫砂壶。明清陶瓷器具特点如下表 1–6 所示。

表1–6　明清陶瓷器具特点一览表

<table>
<tr><th>朝代</th><th>特点</th><th>代表作品</th></tr>
<tr><td rowspan="11">明代陶瓷</td><td>青花瓷器的发明</td><td>永乐青花、宣德青花</td></tr>
<tr><td>斗彩、五彩、素三彩的发明</td><td>成化斗彩、嘉靖五彩、万历五彩、正德素三彩</td></tr>
<tr><td rowspan="5">颜色釉瓷器技艺的提升</td><td>永乐青釉、红釉</td></tr>
<tr><td>宣德红袖、蓝釉</td></tr>
<tr><td>弘治黄釉</td></tr>
<tr><td>正德孔雀绿</td></tr>
<tr><td>嘉靖的孔雀蓝、青金蓝、瓜皮绿、枣皮红</td></tr>
<tr><td>朴素大方的紫砂器</td><td>紫砂壶、紫砂罐</td></tr>
<tr><td>别具一格的珐花器</td><td>景德镇瓷胎珐花器</td></tr>
<tr><td>造型</td><td>造型多样，包括日用品、文具用品、宗教祭祀用品等</td></tr>
<tr><td>装饰</td><td>装饰手法以刻、划、印花、彩绘为主。其中彩绘以图案为主，纹饰种类丰富</td></tr>
</table>

续 表

朝代	特点	代表作品
清代陶瓷	青花和釉里红技艺的提高	康熙青花、雍正青花
		康熙、雍正时期的釉里红
	丰富多彩的釉上彩	五彩瓷器
		红彩瓷器
		黄彩瓷器
		绿彩瓷器
		蓝彩瓷器
		黑彩瓷器
		金彩瓷器
		珐琅彩瓷器
		素三彩瓷器
	紫砂器日益丰富	品种、式样、泥色、款识铭文均更加多样
	造型	日常用具、陈设赏玩用具、文具和娱乐用品、仿古礼器、祭祀器皿、宗教用法器等
	装饰	色釉、彩绘

资料来源:《中国陶瓷史》《中国古代陶瓷》等书籍。

综上所述，中国古代陶瓷呈现出烧制工艺由简单到复杂，逐步发展的特点。尤其是自宋代以来，我国陶瓷呈现出蔚为大观的发展盛景，无论烧制工艺，还是釉色、产品种类、造型、装饰等方面均取得了优异的成就，形成了独特的中国古代陶瓷文化，在世界陶瓷文化史上占有极其独特的地位。

第二节　中国古代陶瓷的功能研究

中国古代陶瓷经历了从萌芽到逐渐成熟的时期，随着陶瓷工艺水平的提升，陶瓷的功能也呈现出逐渐丰富的发展趋势。本节主要对中国古代陶瓷的功能进行详细分析。

一、中国古代陶瓷的功能形态

中国古代陶瓷的功能大体可以划分为物质功能和精神功能两种类型。其中，物质功能主要指陶瓷器具的功用，精神功能则是指陶瓷器具的审美功能和文化功能。

中国古代陶瓷的物质功能与精神功能之间的界线并不十分清晰，其中，一些陶瓷产品既具有物质功能，也具有精神功能。陶瓷产品的功能是根据人类的需求产生的。

20 世纪四五十年代，美国心理学家亚伯拉罕・马斯洛提出了马斯洛需求层次理论。马斯洛认为："人类的价值体系中存在两种需要，一类是沿生物谱系上升方向逐渐变弱的本能或冲动，称为低级需要和生理需要；一类是随生物进化而逐渐显现的潜能需要，称为高级需要。"马斯洛认为个体身上潜藏着五种层次的需要，即生理上的需要、安全上的需要、感情上的需要、尊重的需要、自我实现的需要。这五种不同层次的需要可细分为低级需要和高级需要两种类型，其中，生理上的需要、安全上的需要和感情上的需要均属于低级需要，低级需要对外界条件依赖度较高，只要外界条件满足就可以达到。高级需要则是指尊重的需要和自我实现的需要，这两种需要不能只依赖于外部条件，而要通过内部因素满足（图 1–2）。

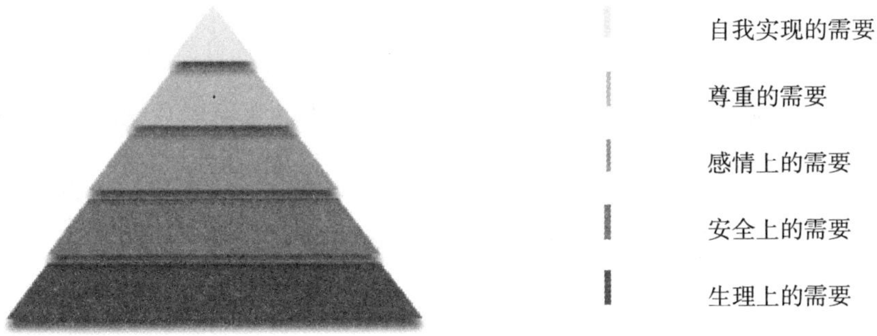

图1–2　马斯洛需求层次理论

（资料来源：马斯洛需求层次理论）

这些不同层次的需要在不同时期表现出来，从人的需要出发能够研究人的行为，可以抓住问题的关键。人的需要是逐渐从低级向高级不断发展的，这种发展过程符合人的需要的一般规律。亚伯拉罕·马斯洛还指出人的五种不同层次的需要在不同时期所表现出来的迫切程度不同，而在同一时期，人最迫切的需要是激励个体行动的主要原因和动力。一般来说，低级需要实现或满足后，在激励人的行为方面的优势地位就会降低，从而被高级需要取代。人的高级需要是无止境的。在同一时期，一个人可能会产生多种需要，然而只有一种需要占支配地位，并对人的行为起决定作用。

马斯洛需求层次理论揭示了人类发展中的、具有普遍意义的动力机制，反映在古代陶瓷功能方面也同样适用。

原始社会时期，人类祖先曾与其他动物一样仅仅依靠本身的体能和器官活动进行生存。例如，口渴时到水边喝水，只能借助双手捧着水喝。通过长期观察，原始人类注意到地势低洼地带，以及自然界中的果实壳或皮等均可用来盛水或存放其他食物。

随着原始社会生产力的发展，原始先民逐渐学会了使用工具，也学会了根据自然器物的形态来制造工具。例如，原始先民根据自然事物的形态制造出了木碗、陶碗。之后，随着人类需求的增多，逐渐出现了满足人类各种物质功能的陶瓷器具。例如，用于烹饪食物的陶具、盛放和贮藏食物的陶瓷器具等。

在陶瓷器具诞生的早期，陶瓷器具大多用于满足人类的生理需要和安全需要，而随着人类社会生产力的发展，人类又产生了新的精神需求，为了满足精神需求，人类又创造出了各种相关功能类型的陶瓷器具。

例如，体现人类品位和爱好的陈设类用具、赏玩类用具，以及满足人类自我实现的个性化陶瓷产品，等等。从这一视角来看，需求是人类陶瓷器具发展的主要动力。

二、中国古代陶瓷的物质功能

物质功能是最基本的、最实用的功能，也是中国古代陶瓷的原始功能。新石器时代，原始先民出于盛装食物等提高生活便利性的目的发明了原始陶器。纵观中国古代陶瓷史，物质功能均为中国古代陶瓷的主要功能和首要功能。

根据陶瓷的实用价值，尤其是物质功能，中国古代陶瓷可以划分为饮食器具、盛贮器、家具与寝具等类型。

（一）陶瓷饮食器具

陶瓷饮食器具，是古陶瓷器具中数量较大，占比较大的类型。陶瓷饮食器具自古以来即是陶瓷器具的主要品类。根据饮食器具的功能划分，饮食器可以划分为炊食器、盛食器、饮食器、进食器和贮藏器（图 1–3）。

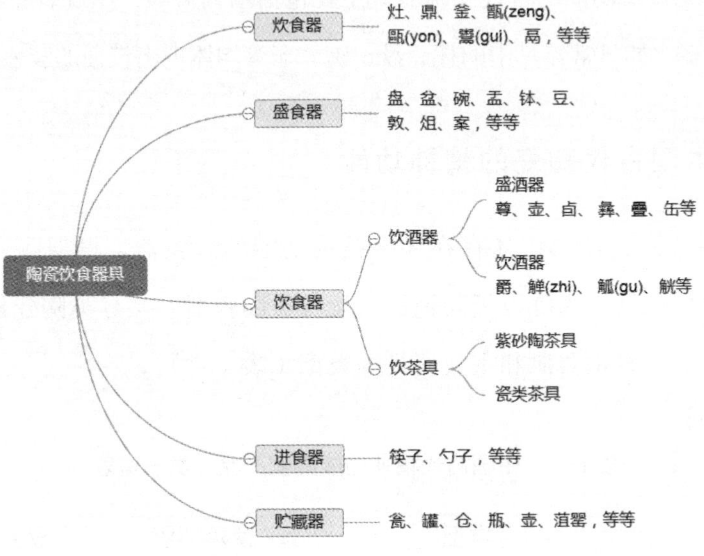

图1–3　陶瓷饮食器具的分类示意图

（资料来源：《中国陶瓷史》《中国古代陶瓷》《中国不同历史时期的饮食器具设计研究》等）

不同朝代受生产力发展水平、地域特色，以及时代审美的影响，陶瓷饮食器具的造型、装饰均有所变化。

（二）陶瓷盛贮器

陶瓷盛贮器中包含部分饮食器具中的盛食器和贮藏器，除此之外还包括其他日常类陶瓷盛贮器，如陶瓷盆、陶瓷盒等。

（三）陶瓷家具、寝具

陶瓷家具和寝具包括陶瓷桌、陶瓷凳、陶瓷屏风、陶瓷灯具、陶瓷枕具、陶瓷烛台等。

从总体上来看，古代陶瓷的物质功能主要体现在支撑、覆盖和装盛三个方面。其中，体现支撑功能的古代陶瓷器具主要包括陶瓷桌、陶瓷凳、陶瓷枕具、陶瓷烛台等；体现覆盖功能的古代陶瓷器具主要包括陶瓷盖等；体现装盛功能的古代陶瓷器具较多，如日常器具中的杯、盘、碗、壶等均体现出较强的装盛功能。

三、中国古代陶瓷的精神功能

中国古代陶瓷器具中还存在体现精神功能的陶瓷器。根据陶瓷器具的具体功能，其可以划分为陈设类陶瓷器、玩赏类陶瓷器、文具类陶瓷器、娱乐类陶瓷器、礼器、祭祀器皿和宗教器具等类型（表 1–7）。

表1–7　中国古代精神功能陶瓷产品分类一览表

类别	类型	使用环境	使用人群
陈设类陶瓷器	1. 瓶类：花瓶、壁瓶、花尊、花觚、桥瓶、插屏等 2. 盆类：陶瓷盆景、大花盆、花缸、花托 3. 炉类：香炉、熏炉 4. 盘类：观赏类颜色釉大瓷盘 5. 瓷绣墩	书斋 厅堂 庭院	文人逸士 商贾权贵 帝王宫苑

续　表

类别	类型	使用环境	使用人群
玩赏类陶瓷器	泥孩儿、陶模玩具、琉璃釉陶器、珐华釉陶、陶瓷雕塑、鼻烟壶、象生瓷、仿工艺品瓷器、瓷雕、瓷塑等	书斋、厅堂	文人逸士 商贾权贵 帝王宫苑 平民百姓
文具类陶瓷器	陶砚、水盂、印泥盒、笔筒、笔杆、笔架、墨床	书斋	文人逸士 商贾权贵 帝王宫苑
娱乐类陶瓷器	棋具、蟋蟀罐	室内	文人逸士 商贾权贵 帝王宫苑
礼器、祭器	鼎、豆、琮式瓶、出戟尊、三足尊、爵杯、觚式瓶、簋式炉等	室内、室外	商贾权贵 帝王宫苑
宗教器皿	三足炉、博山炉	室内、室外	寺庙、各阶层民众

资料来源：《中国陶瓷史》《中国古代陶瓷》《宋代陶瓷礼器的起源与发展》等。

四、中国古代陶瓷功能的特点

纵观中国古代陶瓷的物质功能和精神功能，主要具有人性化、多样化、时代性等特点。

（一）中国古代陶瓷器具功能的人性化特点

中国古代陶瓷的功能具有较强的人性化特点。人性化是以人的需求为核心，在满足人类对产品功能需求的同时，满足人类生活环境、道德文化、传统习惯等方面的需求。陶瓷作为人类生产和制作的一种器具，主要作用是满足人类的需求，因此陶瓷器具的功能具有鲜明的人性化特点。

以陶瓷炊具为例。

炊具是人类为了烹饪食物而发明的器具，中国古代陶瓷炊具经历了漫长的发展过程，同时也体现出陶瓷器具功能的人性化特点。

新石器时代，伴随着原始种植业和原始畜牧业的发展，人类的生活状态逐渐稳定，为了更好地烹煮食物，人类发明了陶制炊具。其中，陶釜是一种煮食器具，为了便于人类放入和拿取食物而设计成敞口折腹形状；陶甑则是由陶釜演变而来的蒸器，在使用时，将陶甑放在陶釜下可以利用陶釜加热后的水蒸气而将食物蒸熟。

陶鬲是一种煮熟食物的炊具，设计成三足中空的造型，三足中间为空心且与腹相通，既能起到支撑重量的作用，同时也能够增加受热面积，更快更均匀地加热食物。

陶鬶是一种有特定外形的器物，除了三足和把柄（鋬）以外，还必须有像鸟嘴一样的流，而这种鸟嘴形的流则便于煮好的食物倒出，是一种集炊具、盛具于一身的饮食器具，极具实用性和美观性，体现了古代陶瓷器具制作中的人性化特点。

（二）中国古代陶瓷器具功能的多样化特点

中国古代陶瓷器具功能呈现出鲜明的多样化特点。同一种陶瓷器具可能具有双重或多重功能。古代陶瓷器具功能的多样化主要体现在两个方面。

1. 古代陶瓷器具物质功能的多样化特点

中国古代陶瓷器具是为了满足人们的实用功能而制造和生产的。人们在使用陶瓷器具时根据适用场景，对其物质功能进行拓展，使得陶瓷器具的物质功能更加丰富和多样。

其一，实用功能与礼品功能兼具。

中国是一个崇尚礼文化的国度，注重人伦关系，强调人的修养。一些陶瓷产品由于制作精美，功能性突出，因此常被当作礼品赠送给他人，这使得陶瓷产品在原有的功能基础上又具备了较强的礼品功能。

以陶瓷茶具为例。

中国是一个茶文化大国，自古以来，形成了独特的饮茶习俗。中国传统茶文化可追溯至远古时期，先秦时期始发，唐代进入兴盛期，之后茶文化逐渐融入中国传统文化，形成了各种习俗。与茶文化的发展与兴盛相对应，精美的茶器不仅具有了较强的实用价值，而且还常被当作礼品赠送给他人，茶具因此在实用功能之外，还具备了较强的礼品功能。

其二，实用功能与商品功能兼具。

陶瓷器具除了满足人们的实际使用功能之外，还需要符合各个消费群体的喜好，适应各个消费群体的需求。而陶瓷器具在销售的过程中，符合了商品的属性特征，具备了商品功能。

其三，实用功能与安全性功能兼具。

无论古代陶瓷还是现代陶瓷均是满足人们的需要，为人们的生活提供便利的器具，人们在使用这些陶瓷器具时，除注重器具的使用功能之外，还十分注重器具的安全性功能。

陶瓷器具的表面通常施釉，不仅使陶瓷器具更加美观，还使得陶瓷器具的表面更加光滑，人们在使用中更加安全。从这一视角来看，陶瓷器具是一种实用功能与安全性功能兼具的器具。

2. 古代陶瓷器具物质功能与精神功能兼具的特点

随着烧制工艺的不断提高，陶瓷器具不断朝着实用价值与美观价值兼备的方向发展。许多陶瓷器具既有较强的物质功能，同时又有较强的精神功能。

例如，日用陶瓷器具中的饮食器具，既具有较强的实用性，同时受时代审美的影响又具有较强的审美性。

又如，古代文具类陶瓷产品，作为书房用品，具有一定的实用功能，同时又是能够满足人类精神生活需要的器具。

再如，古代陈设陶瓷器具类型丰富，这些陶瓷器具通常具有较强的实用性，同时又具有较强的审美价值。以帽筒瓶为例，帽筒瓶是清代官宦人家陈设中常见的产品，常成对摆放于厅堂之中，然而帽筒瓶还具有较强的盛放功能，其盛放功能并未因其陈设功能而消失。

因此，从以上视角来看，古代部分陶瓷具有物质功能和精神功能兼具的特点。

（三）中国古代陶瓷器具功能的时代性特点

陶瓷为人类为了满足生活需要而制作的器具。伴随着生产力的发展、时代审美观的变化，陶瓷器具的功能逐渐呈现出稳定性和变异性相统一，以及时代性的特点。

以陶瓷礼器为例。

礼器，是古代统治阶层在举行征伐、丧葬、祭祀、宴飨等重要活动时用来表明使用者身份地位、权力等级的专属象征器物。[①] 礼器是在原始社会向奴隶社会转变的过程中出现的，礼器出现之初即被赋予了一定的阶级属性。

根据功能，礼器大体可以划分为四种类型，即盛放食物的食器（鼎、簋、鬲、盂、俎等），酒器（爵、角、觚、尊、壶、卣、方彝、觥等）、盥洗器具（盘、盂等）、标明身份的器物（玉器和束帛等）。

商周时期，推行礼制，尤其是西周，倡导“以礼治国”，礼器成为“礼治”的象征，其目的是维护统治阶级的内部秩序，巩固贵族阶级的地位。例如，鼎原来是一种炊具，其后逐渐演变成礼器，商周时期的鼎多用青铜铸造而成，在祭祀时用于装盛胙肉。而且，贵族阶级往往在鼎上刻下祖先的功绩，并将之藏于宗庙之中。不同身份的人所拥有的鼎的数量和装饰均不相同。除了青铜器之外，商周时期的礼器还多以玉器为主。

隋唐时期，统治者和贵族受时代审美观的影响，喜爱金银器，这一时期的礼器以金银器为主。

---

① 薛冰，李胜疆，乔磊．宋代陶瓷礼器的起源与发展[J]．中国陶瓷工业，2021，28(2)：40-44.

宋代崇儒敬古之风盛行，礼文化在宋代重新复兴。然而，受时代审美观和价值观的影响，宋代的礼器以陶瓷为主，并且逐渐脱离了礼器原有的功能。在充当祭器之余，受宋代文人阶层风气的影响，礼器与文器相结合，礼器即文器，礼器逐渐成为宋代文人士大夫阶层的书房案头陈设器。

"烧香，点茶，挂画，插花，四般闲事"① 成为宋人休闲生活的四种雅事，其中即蕴含着独特的崇礼文化。

纵观中国礼器材质的变化，以及功能的变化，其体现出了礼器功能的时代性特点。

又如，陶瓷花瓶的功能也随着时代的变化而产生了较大变化。

宋朝是我国陶瓷制作技术和生产规模的历史高峰时期。宋朝时期，我国经济快速发展，商业发达，酒文化和陶瓷文化十分繁荣，宋代的大小饭店、酒楼多以美食美器作为吸引顾客的手段。受酒文化的影响，当时出现了一批专门的盛酒器具，如梅瓶、葫芦瓶等。

然而明清时期，梅瓶和葫芦瓶的功能发生了较大变化，其从盛酒的器具逐渐衍化为插花的器具，突出地体现了其陈设和装饰功能。

第三节　中国古代陶瓷的釉彩研究

陶瓷产品的色彩象征主要体现在胎质的颜色、釉色，以及纹饰色彩方面。陶瓷产品独有的釉色赋予陶瓷产品独特的质感，从而传达出特有的器物寓意与氛围，使人产生联想和想象。本节主要对陶瓷的釉彩进行分析。

① 梁子．中国唐宋茶道 [M]. 西安：陕西人民出版社，1994：172.

一、釉的概念及分类

釉从陶瓷工艺学的角度来阐释，是指附在陶瓷坯体表面的一种玻璃态或玻璃与晶体的连续粘着层。[①] 釉属于特殊的物质。釉的审美价值常被融入器物的文化价值中进行阐释。

古代陶瓷工艺史上，釉与瓷是同时代出现的。伴随着施釉工艺的成熟，古代真正意义上的陶瓷诞生。然而，在古代较长一段时间里，釉这一物质作为陶瓷烧制工艺中的隐秘材料并没有相对应的物质概念。

古代文献中，釉字最早出现于宋代。北宋《集韵》一书中解释为："余救切，音狖。物有光也。通作油。"[②] 这里的"釉"是指器物本身散发出的光泽感，是陶瓷工艺制作过程中的一种现象，而并非指覆盖于陶瓷胎体上的玻璃质物质实体。

清代有朱琰在《陶说》中对"釉"的各种别称进行说明，并将其统一定名为"釉"[③]。至此，"釉"的概念和字形才被确定，釉成为有别于"瓷"的陶瓷赏鉴与审美的物质对象。

釉与瓷之间存在极其密切的关系。釉与瓷两者并非完全截然不同的两种物质，也并非简单的覆盖与被覆盖的物质关系。两者之间存在相互作用，相辅相成的关系。从陶瓷工艺上来看，釉层与胎质在物理上相互渗透与融合，瓷的概念中包含了釉的光泽的内涵。釉则须依附于陶瓷胎体，在陶瓷胎体经过高温后，釉的化学性质发生变化，才能从草木灰转化为坚硬的玻璃质感，才能引发关注，彰显其独特的价值。

釉具有一定的色彩倾向，传统瓷釉的发色机理属于离子发色类型，与烧成温度变化、窑炉气氛之间存在极其紧密的、不可分离的关系。釉原料中的物

---

① 江苏省宜兴陶瓷工业学校．陶瓷工艺学[M]．北京：轻工业出版社，1985：283.

② 叶喆民．中国陶瓷史[M]．北京：生活·读书·新知三联书店，2006：56.

③ 朱琰．陶说[M]．北京：商务印书馆，1936：3.

质配比，以及金属元素均会对釉的色彩倾向产生影响。

自釉诞生以来，人们除了观察其实用性价值之外，还对其色彩和光泽进行了赏析，进而基于釉的装饰特色对陶瓷器进行装饰。

釉的审美价值大体包括三个方面，即釉的光泽、色彩，以及肌理。釉为覆盖在陶瓷胎体上的一种透明玻璃物质，在高温烧制过程中，釉与胎体的结合会发生一系列的肌理变化，形成独特的陶瓷肌理。

根据陶瓷釉的色彩，色釉瓷可以划分为多种类型（图 1–4）。

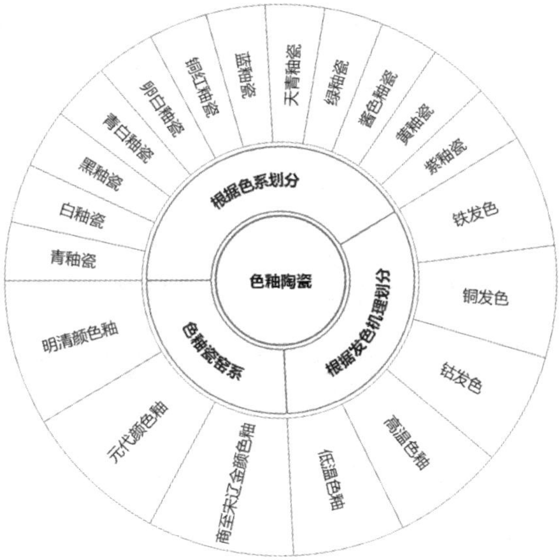

图1–4　色釉陶瓷类型划分示意图

（资料来源：《中国古代陶瓷》《中国陶瓷史》等）

陶瓷色釉是陶瓷装饰技法之一，除此之外还有彩绘装饰，彩绘装饰所得为彩绘瓷。例如，青花瓷即属于彩绘瓷器。彩绘瓷的“彩”，又称为彩料，与釉搭配使用，而其成分主要包括颜料、胶结剂和描绘剂。根据彩料和釉在空间位置上的关系，彩绘瓷又可划分为釉下彩和釉上彩两种类型。

中国古代色釉瓷和彩绘瓷是伴随着陶瓷烧制工艺的发展而逐渐发展及丰

富起来的，从商代的原始青瓷至清代釉彩丰富的陶瓷器，陶瓷色釉逐渐变得多样。无论哪种类型的陶瓷色釉均具有色泽明亮、莹润晶莹，质感细腻的特点，提大地提升了陶瓷材质的艺术美。

二、中国古代陶瓷釉的特点

陶瓷釉具有不透水、不透气且易清洗的特点，能够对陶瓷胎体起到关键的保护作用，保障陶瓷产品表面光洁，并且能够防止液体和气体对陶瓷产品的腐蚀，提高陶瓷产品的机械强度和绝缘性能。除此之外，陶瓷的色釉还可以对陶瓷进行装饰，为陶瓷胎体“穿”上了华丽的外衣，使陶瓷变得美轮美奂。古代陶瓷色釉具有以下鲜明特点。

（一）时代性特点

陶瓷产品中既有大量单色釉陶瓷，也有大量多色釉陶瓷，而无论是单色釉还是多色釉均受到时代审美的较大影响，呈现出鲜明的时代性特点。

以唐代为例。

唐代南方的越窑、瓯窑、婺州窑以生产青瓷为主，北方邢窑、曲阳窑、巩县窑等则以生产白瓷为主，形成了“南青北白”的局面，其中越窑青瓷“类玉”“类冰”，而邢窑白瓷“类银”“类雪”，反映了唐朝人的审美。除了“南青北白”之外，唐代还以唐三彩釉陶而闻名。唐三彩在唐代通常为陪葬的明器，同一件陶器上同时施以红、绿、白三种釉色，相互交错，即可形成斑驳淋漓的彩色陶器。

除了唐代陶瓷色釉之外，其他不同朝代所崇尚的陶瓷色釉各具特色。

宋代，伴随着文人士大夫阶层地位的提升，社会时代审美中融入了文人趣味，“素”色陶瓷盛行。其中，青瓷以其清新温润的光泽，以及素雅的色彩而备受人们喜爱，形成了“青如天，明如镜”[①] 的时代审美。

① 纪昀．阅微草堂笔记：注释本[M].沈清山，注．武汉：崇文书局，2018：189.

明清时期，伴随着彩绘瓷技术的发展，青花瓷、釉里红、斗彩、五彩、珐琅彩等彩绘瓷纷纷出现，推动古代陶瓷进入彩瓷时代，形成了彩釉时代审美。

（二）象征性特点

色釉瓷器的审美是色彩与质感的结合。色釉瓷的命名方式多样，有的根据施釉工艺特征命名，有的根据与釉色类似的物象特征进行命名，有的则根据窑口命名、根据发色剂命名，或根据用途命名（图 1–5）。

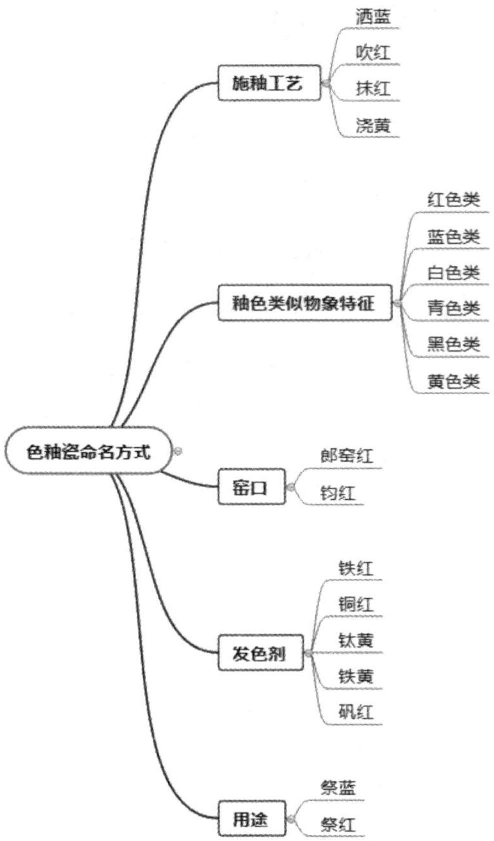

图1–5　色釉瓷命名方式示意图

（资料来源:《中国古代陶瓷》《中国陶瓷史》《颜色釉瓷鉴定与鉴赏》等）

色釉瓷的命名赋予了陶瓷丰富的象征意义。色釉陶瓷产品的色彩呈现出五彩斑斓、丰富多彩的特点。彩绘瓷则将彩色颜料与釉结合在一起，以陶瓷胎体为纸呈现出斑斓的画面。

色彩能够起到传情达意的重要作用，既能够左右人们的情绪，也能够唤起人们的情感联想。例如，红色会使人们联想到火焰、鲜血、自由、胜利以及成熟的水果等事物，进而产生温暖、激荡、庄重、香甜等感受。不同陶瓷釉彩的视觉冲击力和情绪感染力不同，瓷器呈现出来的韵味不同，对人们的心灵所产生的影响不尽相同，所引发的联想和艺术审美也不同。

单色釉陶瓷中的青釉瓷器，有豆青、霁青、冬青、天青之分，有的使人联想到雨后天空的初晴之景，有的则使人联想到山林中未成熟的果实，具有素净雅致的艺术美；绿釉瓷器具体分为豆绿、鹦哥绿、秋葵绿、松花绿、孔雀绿、油绿、苹果绿等色彩，具有幽深隽永的艺术美；红釉瓷器具体分为有霁红、鸡红、宝石红、朱红、玫瑰红、海棠红、娃娃脸、鲜红、胭脂红、珊瑚红、柿红、枣红、橘红等色彩，具有浓艳华丽、富贵雍容的艺术美；黄釉瓷器具体分为鹅黄、蛋黄、蜜蜡黄、鸡油黄、鱼子黄、金酱、古铜、茶叶末、鼻烟、鳝鱼皮、娇黄、淡黄、米色等色彩，具有明朗娇艳、端庄大气的艺术美；白釉瓷器具体可分为素白、鱼白、月白等色彩，釉色甜净、白润，具有纯净无瑕的艺术美；黑色釉瓷器的色彩墨黑如漆，具有古朴深沉、庄重深沉的艺术之美。

除了单色釉陶瓷产品之外，由于窑变而形成的多色釉陶瓷作为色釉陶瓷产品中的一枝奇葩，具有独特的艺术之美。

例如，钧瓷作为中国五大名瓷之一，在烧制过程中所发生的窑变使得钧瓷的色彩变得斑斓亮丽，有“入窑一色，出窑万彩”“钧瓷无对，窑变无双”[①]之说。钧瓷的色彩十分艳丽且丰富多变，有的青中带红，犹如天空中的晚霞；

① 乔秀强．“窑变”与钧瓷意境探微[M]．沈阳：辽宁大学出版社，2019：17.

有的红如胭脂，艳如海棠；有的碧如青梅，绿如翡翠；有的紫如玫瑰，蓝如青天，具有绚丽多姿的艺术之美。

除此之外，彩绘瓷色彩组合多样、丰富，呈现出绚丽多姿的审美趣味。分水技法用于彩绘瓷，实现了一笔分五色的效果，进而使得陶瓷胎体上创作出来的图案不但线条工稳细致、色彩匀净柔和、物象造型逼真，而且呈现出独特的神韵和意境，极大地丰富了陶瓷的审美表现力和审美内涵，使得彩绘陶瓷在中国古代陶瓷史上具有了独特的审美价值。

第四节　中国古代陶瓷的装饰研究

中国古代陶瓷的装饰艺术蔚为大观，然而中国古代陶瓷的装饰艺术并非一朝一夕形成的，而是经历了一个逐渐发展的过程。本节主要对中国古代陶瓷的装饰进行研究。

一、中国古代陶瓷装饰手法

陶瓷装饰是指在陶瓷上进行艺术加工的各种形式和技法，陶瓷装饰能够对陶瓷器具进行美化，增强陶瓷器具的艺术性。

陶瓷装饰根据加工工艺不同，可以划分为坯体装饰、化妆土装饰、加彩装饰和釉装饰四种类型，这四种类型的陶瓷装饰技法既可以单独使用，也可以综合运用。

（一）坯体装饰

坯体装饰主要指在拉坯过程中使用不同的胎塑形方法的装饰手法。陶瓷坯体装饰根据工艺手法不同又可细分为加法装饰、减法装饰和印法装饰三种类型。陶瓷坯体装饰起源较早，早在原始社会时期，人们即使用各种手法在陶瓷胎上留下朴素、美观的图案。自原始社会时期直到元代，坯体装饰一直是陶瓷装饰的主要手法。历朝历代的陶瓷工匠不断创新陶瓷坯体装饰手法，因此形成了绞胎、划花、刻花、剔花、印花、贴花、堆塑、捏塑、镂空、戳印等多种装饰手法。在此仅对几种主要手法进行介绍。

剔花装饰，具体可划分为剔胎、剔釉、剔化妆土等类型。剔胎是指在没有经过施釉或化妆土的陶瓷坯体上画出纹样，并且将纹样周围的泥剔去，从而形成美观的图案，之后加釉烧制。剔釉和剔化妆土与剔胎工艺类似，只是对象不同。由于剔花花纹凹凸感较强，烧制成型后往往呈现出浅浮雕效果。

印花装饰，是古代陶瓷装饰的主要手法之一，是以带花纹的模印工具在未干的坯体表面压印出凹凸纹样，再施釉烧制。印花纹饰种类丰富，能够对陶瓷进行美观装饰。

镂雕亦称镂空、透雕，是指在未干透的坯体表面，以镂空的方式将装饰纹样雕通的一种方法。

线刻是刻花和划花的结合，是在坯体表面用不同的尖状工具或刀具刻画出深浅不同、长短不一的各种线条从而构成完整的图案。

绞胎装饰，是指将两种或两种以上不同颜色的瓷土相互糅合在一起，通过绞拉坯体制作成型。由于在绞胎中使用的手法不同，所形成的陶瓷纹理也不相同。

（二）化妆土装饰

化妆土装饰，是指有的陶瓷泥料较为粗糙，其中掺杂了较多杂质，经高温烧制后，陶瓷产品的触觉和视觉均呈现出粗陋、不美观的现象，为了使陶瓷表面呈现出光洁的质感，以及均匀的色彩，而使用化妆土在陶瓷坯体表面施一层细细的泥浆，从而对陶瓷坯体进行美化。

化妆土装饰可追溯至原始社会的新石器时代，直到魏晋南北朝时才得以大面积使用，往往能够创造出独特的艺术效果。化妆土根据性能不同可以划分为许多不同的类型。

（三）加彩装饰

加彩装饰，是指使用彩绘、喷彩、抹花、贴花纸等形式对陶瓷坯体进行装饰的手法。具体可划分为釉上彩和釉下彩两种类型，是古代陶瓷装饰常用的技法之一。

（四）釉装饰

釉装饰即借助颜色釉对陶瓷坯体进行装饰的手法。

陶瓷装饰类型如表 1–8 所示：

表1–8　陶瓷装饰类型一览表

类型	手法	示例
坯体装饰	加法装饰	塑贴、堆塑、堆贴、堆花
	减法装饰	刻花、镂雕、划花、剔花
	印法装饰	印花
化妆土装饰	陶瓷坯体表面覆盖化妆土	划花、剔花装饰
加彩装饰	釉上彩	用各种彩料在已经烧成的瓷器釉面上绘制各种纹饰，然后二次入窑，低温固化彩料而成，以粉彩、珐琅彩、古彩、新彩为代表
	釉下彩	在陶瓷坯体上画彩又施釉后烧制而成的陶瓷产品，入窑烧制后，陶瓷彩绘与釉融为一体，以青花、釉里红和釉下五彩为代表
釉面装饰	颜色釉	以瓷釉颜色作为瓷器的装饰，具体可呈现为青、黑、褐、黄、绿、红、蓝等多种色泽

资料来源：《中国陶瓷设计史》《中国陶瓷文化史》等书籍。

二、陶瓷装饰艺术的特点

中国古代陶瓷装饰特点鲜明，这里主要对陶瓷装饰艺术的情感性特点、象征性特点和时代性特点进行详细阐释。

（一）情感性特点

陶瓷能够通过造型和装饰唤起使用者的情感共鸣。中国古代陶瓷装饰艺术具有情感化的特点，其中蕴含着丰富的情感，具体可以划分为祈求吉祥的情感、热爱自然的情感等。

1. 祈求吉祥的情感

人类作为灵长类动物，是大自然生灵之一，与亿万生灵共同生活于大自然中，大自然中的万事万物均被人们赋予了某种寓意，寄托着人类丰富的情感。

其中，祈求吉祥的思想情感，是中国传统文化中极其重要的思想情感，贯穿于中国古代陶瓷造型和装饰艺术之中。中国陶瓷装饰中存在大量寓意吉祥的装饰图案，这些装饰图案不仅美观，而且通常还蕴含着人们祈求吉祥的特殊情感。

以中国古代陶瓷中常见的缠枝纹饰为例。

缠枝纹饰的起源可追溯至原始社会时期。早在新石器时代，原始陶器上即存在大量曲线、旋涡、绞丝纹样，体现了人类对自然事物的观察、模仿和描绘。随着时光的推移，中国古代陶瓷发展史上，缠枝纹经过不断演化与发展，逐渐发展为式样丰富、风格多样的纹饰。至清代，我国缠枝纹的样式已呈蔚为大观之势，包括缠枝莲花纹、缠枝牡丹纹、缠枝菊花纹、缠枝朵花纹、缠枝百花纹、缠枝葡萄纹、缠枝葫芦纹、缠枝宝相花纹等。

这些种类丰富的缠枝纹均体现出人类祈求吉祥的情感。例如，“葫芦”与“福禄”同音，缠枝葫芦纹既表示富贵，又代表着长寿吉祥，是中国古代陶瓷常用的纹饰。又如，牡丹花色彩艳丽，花朵硕大，缠枝牡丹纹则被赋予富贵荣华的吉祥含义。

2. 热爱自然的情感

人类生于自然之中，长于自然之中，人类的生存和发展均离不开自然资源。人类自古以来即对大自然有着独特的热爱和依恋情感，这种情感被融入中国古代陶瓷创作之中。

中国古代陶瓷装饰中存在着大量自然事物的形象，如自然植物形象、自然动物形象、自然现象形象等，这些均体现了中国古代陶瓷装饰文化中热爱自然的情感。

（二）象征性特点

中国古代陶瓷装饰纹样具有较强的象征性特点。例如，动物纹饰是中国古代陶瓷纹饰中常见的类型，这些纹饰通常具有独特的象征意义。

以古代陶瓷动物纹饰为例。

龙纹是古代陶瓷动物纹饰中常见的纹样之一。龙作为中国传统神话中的动物，是中国古代封建帝王权威的象征。因此，龙纹常出现在供封建帝王使用的器具上。龙纹还常与水纹和云纹、凤纹等一起使用，以表达“龙凤呈祥”之意。

鱼是自然界常见的生物之一，也是人类较早认识的自然动物之一。早在远古时期，人类即以渔猎为生。“鱼”与“余”谐音，人类常据此将鱼视作富足、富余的象征物。鱼具有出水跳跃等习性，古代人民群众根据鲤鱼的这一习性赋予鲤鱼独特的吉祥意蕴，并通过“鲤鱼跳龙门”“仙人骑鲤”等故事和传说将鲤鱼神化，加强了鱼的象征意义。而鱼纹也相应地被赋予较强的象征性特点。

中国古代陶瓷纹样中存在大量各式各样的鱼纹装饰。早在新石器时期就存在人面鱼纹盆、鱼纹彩陶盆，早期的鱼纹图案形象生动，构思巧妙。汉代之前陶器上的鱼纹多以刻画单体鱼的形式出现，宋代以后，鱼纹题材更加多样，出现了多条鱼戏水追逐，以及鱼水结合的纹饰。例如，鱼藻纹、海水鱼纹、鱼鸟纹等。

（三）时代性特点

中国古代陶瓷装饰艺术是伴随着古陶瓷艺术的发展而逐渐走向成熟的，不同时代的陶瓷装饰风格也不尽相同（表 1-9）。

表1-9　历朝历代陶瓷装饰风格变迁一览表

时代	装饰技法	装饰风格
新石器时代	黄河流域陶器装饰风格：浑厚质朴	器型、纹饰简单，以有线纹、绳纹为主，篮纹、划纹、弦纹、附加堆纹、三角纹、斜线纹、人面纹、鱼纹、鹿纹、蛙纹次之
	长江流域陶器装饰风格：天然稚拙	陶器表面装饰简单，多为素面陶器，少数装饰弦纹、浅篮纹、附加堆纹、镂孔等
夏商周春秋时期	灰陶装饰风格：一脉相承	灰陶部分为素面陶器，装饰以回纹、叶纹、花瓣纹、篮纹、方格纹与绳纹为主，此外还附加堆纹、划纹、弦纹、雷纹、双钩纹、圆圈纹、饕餮纹、夔龙纹、方格纹、人字纹等
	商代白陶装饰风格：狞厉神秘	胎质纯净洁白、细腻，装饰纹样以青铜纹样为主，兽面纹、饕餮纹、夔纹、云雷纹、曲折纹等 装饰技法以刻纹和浅浮雕为主
	印纹硬陶装饰风格：整齐规范	以泥条盘筑成型的方法制作 早期多装饰以布纹、席纹、绳纹，后以叶脉纹、云雷纹、人字纹、曲折纹、方格纹、回纹、菱形纹为主
	原始青瓷装饰风格：朴实无华	多以泥条盘筑法塑型 以方格纹、篮纹、叶脉纹、锯齿纹、弦纹、席纹和S形纹、云雷纹、划纹、叶脉纹、齿状纹、圆圈纹、曲折纹为主

续　表

时代	装饰技法	装饰风格
战国秦汉时期	战国彩陶装饰风格：鲜艳华丽	常用磨光、暗花、彩绘等装饰方法 器型仿青铜器和陶瓷器皿，灰胎多敷黑色陶衣，再敷白粉，用黑线、红色等色彩彩绘；褐胎则以白粉或黄粉敷之，上绘红色彩绘，整体色彩鲜艳，对比强烈，极其 华丽 常用花纹以旋涡纹、三角纹、矩形纹、水波纹、方连纹、S 纹、雷纹、云纹、柿蒂纹、龙凤纹等为主
	汉代铅釉陶装饰风格：光亮滋润	汉代铅釉陶器多以手制、轮制、模制、粘接手法制作成型，同时以雕刻、堆塑、模印和粘贴等工艺进行装饰
	汉代瓷器装饰风格：古朴简洁	装饰花纹简单，分布于瓷器的各个部位，整体风格朴素、庄重、美观
三国两晋南北朝时期	江南瓷器的装饰风格：清新秀丽	大量吸收陶器、铜器和漆器的装饰纹样和装饰形式
	北朝陶瓷的装饰风格：异域风采	纹样以莲瓣纹为主，反映了佛教文化对陶瓷装饰风格的影响
隋唐五代时期	隋代陶瓷装饰风格：精致素雅	装饰技法多样，以刻花、划花、印花、贴花、模印为主 装饰图案以草叶纹、花蕊纹、朵花纹、卷线纹、卷叶纹、莲瓣纹、几何纹、波浪纹、忍冬纹为主
	唐五代陶瓷装饰风格：广收博采	在隋代陶瓷装饰手法上新添了绘画、堆贴、捏塑 装饰纹样丰富，可划分为植物纹样、动物纹样、人物纹样、自然纹样、几何纹样等
宋辽金时期	宋代陶瓷装饰风格：绚丽多彩	装饰手法以刻花、划花、印花、剔花、绘花、铁锈花以及镂雕、堆贴花为主 装饰纹样更加丰富，以花、鸟、鱼、虫、山水、人物、书法诗文等为主
	辽金陶瓷装饰风格：简朴豪放	装饰纹样以飞禽、动物、鱼虫、花草、水波、龙、兽面、骑士、力士、火珠、流水纹为主

续 表

时代	装饰技法	装饰风格
元明清时期	元代陶瓷装饰风格：气势磅礴	装饰技法以刻、划、印、贴、堆、镂、绘为主 装饰纹样主题丰富，层次繁密而不烦琐，显得大气磅礴
	明代陶瓷装饰风格：彩瓷缤纷	装饰技法以坯体装饰、化妆土装饰、加彩装饰为主，除釉下彩外，斗彩和釉上五彩取得了较大发展 装饰纹样丰富，一个器物上往往使用多种纹样构成完整的图案
	清代陶瓷装饰风格：巧夺天工	装饰技法更加成熟，尤其是加彩装饰和釉彩装饰技艺高超 装饰图案可划分为两种类型，即单纯纹样以及以花卉、花鸟、山水、人物故事等构成的主题图案画面

资料来源：《中国陶瓷史》《中国古代陶瓷》《中国陶瓷设计史》《历代瓷器收藏与鉴赏：中国》等书籍。

从上表可以看出，我国陶瓷装饰受烧制工艺的影响，以及时代审美风格的影响，在不同时代所展现出来的特点和风格也不尽相同，反映出了陶瓷装饰的时代性特点。

第二章　中国古代陶瓷的老庄哲学思想研究

第一节　中国古代老庄哲学思想概述

老庄哲学思想是中国古代哲学思想的重要组成部分，诞生于春秋战国时期，对中国传统哲学和美学思想产生了巨大影响。本节主要对中国古代老庄哲学思想及其影响下的美学思想进行简要概述。

一、老庄哲学思想体系

老庄哲学思想体系的创造者为老子和庄子，均为先秦时期我国古代思想家和哲学家。

（一）老子哲学思想体系

老子，姓李名耳，字聃，相传为楚国曲仁里人，曾担任东周王朝管理藏书的史官，生活于公元前571—471年，正值春秋末年。老子生活的年代，正处于我国从奴隶社会朝着封建社会过渡的时期。从社会政治方面来看，老子生活的年代，东周王室式微，诸侯争霸，各地战乱不断，民不聊生。从思想文化方面来看，老子生活的年代是一个思想解放，观念更新的时代，诸子百家纷纷著书立说，相互辩难，极大地促进了先秦思想文化的大发展和大繁荣，形成了“百家争鸣”的局面。老子在前人思想的基础之上，不断从现实社会中获取关于自然、社会发展的材料，完成了《老子》的创作，创立了道家学派，为推动中国古代思想文化的发展做出了不可磨灭的贡献。

纵观老子的哲学思想体系，主要包括以下内容。

1.“道”的本质特征

老子将“道”视作整个思想文化体系的核心和逻辑起点，将“道”视为世界最原初物质辩证发展的自然法则。

（1）道具有生成万物的强大生命活力。

（2）道具有较强的抽象性和超验性。

2. 素朴的唯物辩证法思想

老子的哲学思想体系中蕴含着丰富的朴素辩证法思想。老子哲学思想的这一特点与其所受的《易经》的影响有着直接关系。

《老子》一书中提出了数十对相互对立的概念，这些相互对立的概念中有的反映了自然界的矛盾，有的则反映现实生活领域的矛盾，还有的反映了思维领域的矛盾（表 2–1）。

表2–1《老子》中相互对立概念一览表

词性	对立概念
名词	天—地，前—后，后—先，阴—阳，怨—德，主—客，正—反，乐—饵，耳—目，户—牖，上—下，首—后，古—今，母—子，象—物，风—雨，天—人，雄—雌，左—右，死—寿，圣人—百姓
动词	无—有，乱—治，居—去，处—去，开—阖，去—取，宠—辱，得—失，亲—琉，成—败，终—始，战—守，损—奉，迎—随，安—生，生—灭，生—死，杀—活，明—妄，亲—畏，誉—侮，废—有，救—弃，闭—开，进—退，始—成，损—益，得—亡，辩—讷，出—人，拔—抱，抱—脱，损—补，往—来，结—解，行—随，嘘—吹，歙—张，废—兴，取—与，为学—为道，兼蓄—人事
形容词	美—恶，难—易，长—短，高—下，上—下，虚—实，弱—强，强—羸，柔—强，柔—坚，巧—拙，寒—热，利—害，善—袄（妖），柔—刚，冲—和，冲—盈，盈—竭，同—异，浊—清，正—奇，壮—老，吉—凶，小—大，大—细，厚—薄，实—华，静—动，曲—全，枉—直，直—屈，乐—厌，慈—勇，少—多，少—得，重—轻，静—躁，智—迷，明—愚，贵—贱，轻—贵，昭昭—昏昏，察察—闷闷，柔弱—刚强，柔弱—坚强，柔脆—枯槁，有余—不足，熙熙—沌沌，熙熙—偏偏
代词	彼—此

资料来源：《老子》等书籍。

万事万物均处于永不停息的矛盾运动之中，因此产生了大量相互对立的概念，这些概念中阴与阳的矛盾关系最为突出，两者之间的关系既对立又统一。

老子不仅提出了大量相互对立的概念，而且指出这些概念可以相互转化，即提出了矛盾转化的思想。《老子·六十四章》指出："合抱之木，生于毫末；九层之台，起于累土；千里之行，始于足下。"[①] 此涉及矛盾转化的思想，并且触及了从量变到质变转化的概念。

3. 复归自然的人生哲学

《老子·二十五章》指出"人法地，地法天，天法道，道法自然"[②]。老子将"道"视作世界的本体以及天地万物的根源，指出道是万物之母，而道法自然，应当遵从自然规律，即复归自然的人生哲学思想。

（二）庄子哲学思想体系

庄子，名周，战国时期宋国人，生活于战国中期。庄子继承了老子的哲学思想，并且在此基础上有所变通，因此世人将老子和庄子的哲学思想合称为"老庄"。

庄子与老子一样将"道"视为万物的本源，视其为生生不息的运动、发展和变化的自然法则。此外，庄子与老子一样，注重万物内部的对立统一关系和矛盾双方的相互转化。

老庄哲学思想对中国古代儒家，以及其他学派的哲学思想产生了巨大而深远的影响。

---

① 刘宏彬评析 . 老子 [M]. 武汉：崇文书局，2004：150.

② 刘宏彬评析 . 老子 [M]. 武汉：崇文书局，2004：57.

二、老庄哲学影响下的美学思想

老庄哲学认为道为世界的本源，倡导以道为美，构建了以自然之美、生命之美为核心的美学思想体系。在这里主要对老庄哲学影响下的美学思想进行分析。

（一）美的本质论

1. 美在自然

老庄哲学认为道是世界上万事万物的起源，道法自然。只有自然才是最高级、最真实的美。自然之美是一种天籁之美、天乐之美，也是一种趋于无限、普遍的美，是一种“大美”。

“人法地，地法天，天法道，道法自然”[①]，自然的本性是朴素，自在无为，淡然无极，道法自然，即追求自然的天地之美。老子倡导的道之美偏向于物质形态，庄子倡导的道之美则偏向于精神形态，然而其本质均属于道之美。

老庄倡导的道之美具有动、静两种属性，既有“动”和“生”的属性，也有“静”与“虚”的属性。从相对意义上来看，老子注重道之美的“动”“生”属性，倡导动态之美和生命之美；庄子更加注重道之美的“静”“虚”属性，倡导虚静、恬淡、寂寞、无为的美。

2. 大美无言

《老子・二十五章》指出：“有物混成，先天地生……吾不知其名，字之曰道，强为之名曰大。”[②]道是大的本体，大是道的形态，本体与形态之间存在密不可分的关系。《老子》中存在大量以“大”形容的词汇。例如“大直若屈”“大巧若拙”“大辩若讷”“大音希声”“大象无形”“大白若辱”“大方无隅”“大成若缺”“大盈若冲”等。

① 刘宏彬评析．老子[M]．武汉：崇文书局，2004：57.

② 刘宏彬评析．老子[M]．武汉：崇文书局，2004：57.

《庄子·知北游》中指出："天地有大美而不言，四时有明法而不议，万物有成理而不说。"①

老子和孔子所说的"大音""大象""大巧""大美""天籁""天乐"等均属于趋于无限、普遍与绝对的，突破了感性具体形式束缚的，主体感官无法把握的"无形式"的美。只有绝圣弃智，纯任自然，才能体悟到这种美的存在。

3. 美真统一

老庄美学思想倡导道之美。道之美的本质是一种自然之美、生命之美，其外在形态表现为大美、无形的美，是一种合乎规律的美、真实的美，而非感性的美、具体的美，以及现实社会中存在的美。

老庄哲学美真统一的特点，是道的基本特征。道即自然，即是真，只有合于道、合于自然规律的美，才是真实的美，否则美就不是美，而是假与丑。《老子·十二章》指出"五色令人目盲，五音令人耳聋"②，反对竞相奢侈，纵情声色，追求生理满足美，倡导"见素抱朴，少私寡欲"之美。

老庄美学观点既存在积极的一面，也存在消极的一面，在现实生活中应当理智地、辩证地进行看待。不可否认的是，老庄美学思想对我国传统美学产生了极其深远的影响。

（二）美的形式论

老庄哲学的美学观点中还包含了美的形式，即朴拙、神妙、朴素。

1. 朴拙

《老子·三十二章》指出："道常无名朴。虽小，天下莫能臣。候王若能守之，万物将自宾。"③道作为世间万物的本质，其本身没有形状，没有雕饰。

---

① 庄子．庄子[M]. 萧无陂，注译．长沙：岳麓书社，2018：245.

② 李耳．老子[M]. 河上公，王弼，注．上海：上海古籍出版社，2013：26.

③ 李耳．老子[M]. 河上公，王弼，注．上海：上海古籍出版社，2013：67.

《老子·四十五章》指出："大直若屈，大巧若拙，大辩若讷。"[①] 其中"若拙"即是指道的形态。这里的"拙"意为没有人为加工痕迹，保留着事物的原始形态和自然状态。拙是道的外在显示形式。"大巧"与"小巧""技艺"不同。"大巧"是自然而得，成于道，而"小巧"成于智，"技艺"成于"技"。道在天，技在人，道是目的，技是手段，道是本，技是末。技艺是达到道的手段，而非终极目标。

2. 神妙

神妙是对于一种难以感觉性、难以言明性状态的指称。老庄美学倡导美本于道。道是世界万物的根本，是一种看不见、摸不着、说不清的，无可名状的状态。道是人对于道体形态特性感悟后的一种标示，是无比神妙的东西。因此，老子和庄子将美的形态及其特性概括为"神""妙"或"神妙"。

老庄美学中的神妙在具体语境中包含多种意思，即精妙、美妙、微妙、奇妙、灵妙。神妙对后世艺术家和艺术理论家产生了深远影响。

3. 朴素

老子和庄子倡导道法自然的思想，认为人、地、天、道均取法自然。自然的本性是朴素，自在无为，淡然无极。因此老庄美学倡导朴素之美。朴素是人的自然本性，而且是体道的终极指向。老庄美学崇尚大自然的声音和色彩，崇尚地籁、天籁、天乐，追求大美，更要复归根于自然之性的朴素。艺术之道也是如此。如果艺术创作中事物的自然本性和常态遭到破坏或缺失后，无论如何文饰，都是不美的。相反，大美在于朴素，朴素才是自然之常态。

① 李耳．老子[M]．河上公，王弼，注．上海：上海古籍出版社，2013：106.

第二节　老庄哲学思想对中国古代陶瓷造型的影响

老庄哲学思想对中国传统美学产生了极其深刻的影响，尤其在器物制作方面，影响着历朝历代的器物审美和制作。本节主要对老庄哲学思想对中国古代陶瓷造型的影响进行详细分析。

一、“天然之美”对古代陶瓷造型的影响

自然是一个中国古代哲学概念，其指世界万物的一种客观存在，是对世界存在状态的一种认识。老庄哲学和美学思想强调“顺应自然”，追求“天人合一”的理想境界。天然之美正是老庄美学的要旨所在。这一要旨反映在古代陶瓷造型上，对陶瓷造型的审美产生了较大影响，且集中反映在仿生陶瓷造型方面。

（一）中国古代仿生陶瓷发展概述

仿生陶瓷，又称为象生陶瓷，该概念最早见于清代朱琰的《陶说》。“象”者，像也。中国汉字的意义博大精深，从字面意思来看，“象”作为名词，指万物之表象，即物象、形象；作为动词，则具有相像、类似之意。早在先秦时期，我国造物理念中即产生了“制器尚象”的思想。本书所指的仿生陶瓷的涵义较广，泛指中国古代所有仿生造型的陶瓷器物，包括对自然界动植物造型的模仿、对人的模仿。

《庄子·山木》指出：“既雕既琢，复归于朴”[①]。老庄哲学思想反映在文学艺术和器物制作方面，并不反对器物装饰，然而却强调器物装饰最终要复归

① 叶志衡点注．庄子[M]．青岛：青岛出版社，2009：131.

于朴。

中国古代仿生陶瓷最早可追溯至新石器时代。新石器时代即出现了模仿动植物形态的仿生陶器造型。这时期的仿生陶器，有的模仿自然界动植物整体造型，有的则部分模仿自然界事物，实用功能和审美功能完美结合（表2–2）。

表2–2　新石器时代部分仿生陶器一览表

文化遗址	器具	仿生方式
仰韶文化	彩陶变形鱼纹葫芦瓶	整体模仿自然界中的葫芦整体造型
	彩陶兽面纹壶	部分模仿葫芦半球形态造型
	人头器口瓶	部分模仿人的头部和面部
	人形双耳彩陶瓶	部分模仿人形和人耳
马家窑文化	彩陶条纹勺	部分模仿葫芦剖面形态
大汶口文化	细泥质红陶狗形鬶	器物整体模仿自然界中狗的造型

资料来源:《中国陶瓷史》《中国陶瓷设计史》《中国仿生陶瓷造型设计研究》等。

夏商周时期，仿生陶器主要模仿青铜器造型，其中不乏一些动物形态的陶器，如彩陶三立犬带盖方鼎、硬陶夔龙纹杯等。

秦汉魏晋时期，我国陶瓷烧制工艺进一步发展。这一时期的仿生陶瓷造型以现实中的动物形态为主，出现了鸡首壶、鸟形杯等典型陶瓷器具。其中，鸡首壶是西晋至隋代出现的陶瓷造型器具，又称天鸡壶、鸡头壶，唐代逐渐消失，通常作为酒壶或是水器使用，也会当作陪葬品。不同时代，鸡首壶的造型受时代审美的影响存在不同程度的变形（图2–1）。

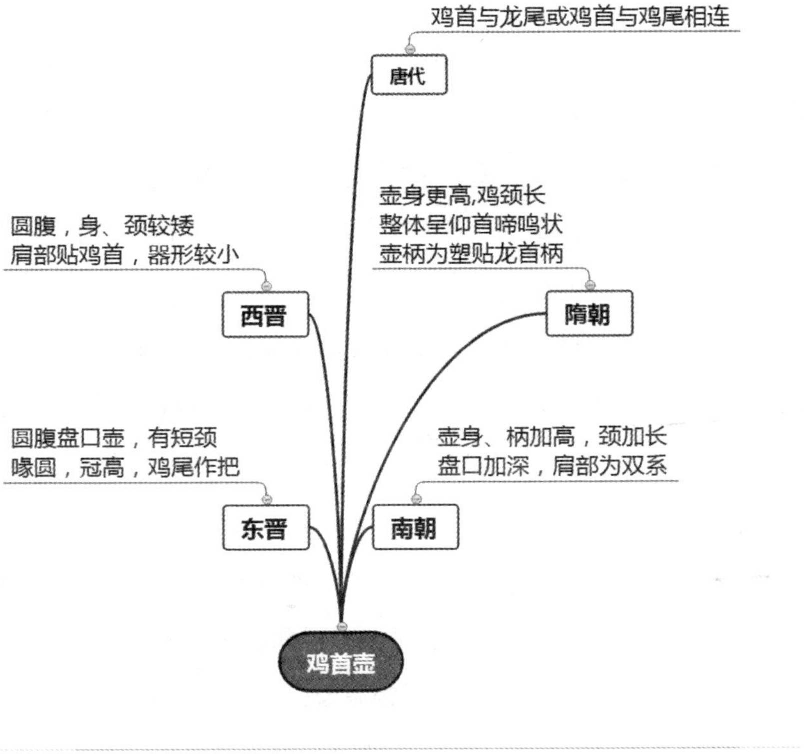

图2-1　鸡首壶的造型变化示意图

（资料来源：《中国陶瓷史》《中国古代陶瓷》《魏晋南北朝及隋时期鸡首壶研究》《鸡首壶的演变与发展》《鸡首壶演变的四阶段分析》等）

除了鸡首壶之外，还有羊头壶、鹰形盘口壶等饮食器造型。汉魏至隋唐时期还出现了大量仿动物造型的陶瓷，如烛台、水丞、水注等。

唐代仿生陶瓷的造型更加丰富，除了动物造型之外，还出现了大量植物造型的器具，包括茶具、香炉、瓷枕、烛台、执壶、餐具等日常用器具。唐代仿生陶瓷中的植物造型主要可划分为花和果实两种类型，其中花朵造型陶瓷器具以荷花、莲花、海棠、葵花造型为主。例如，莲花口碗、荷花形杯盏和盏托等。其果实造型陶瓷器具则以瓜棱形瓶、葫芦形茶壶、桃形壶等为主。

唐代动物造型的陶瓷器具极其丰富，其中包括仿鸡、仿龙、仿马、仿人物的瓷器或陶器。

宋代，我国古代陶瓷的烧制工艺达到高峰时期，出现了五大名窑，而且受宋代特殊的时代审美的影响，宋代仿生陶瓷达到了新的历史高度。宋代仿生陶瓷以植物造型为主，如莲花或莲瓣、葵瓣造型的陶瓷餐具，瓜果、葫芦等造型的瓷瓶，以及花朵、香鸭、鹅、鸳鸯、龙、凤、麒麟等造型的香炉，仿人形瓷枕，等等。

宋代之后，元代的仿生陶瓷数量相对下降。这一时期的仿生陶瓷大多对植物或动物的外形或轮廓形象进行借用，体现出了较强的实用性特点。例如，棒槌瓶、萝卜瓶、橄榄瓶、凤尾瓶、葫芦瓶、苹果尊、竹节壶、葫芦瓶、柳叶尊、鱼篓尊、石榴尊等。

明清时期，中国古代陶瓷烧制水平更加成熟，仿生陶瓷的烧制达到了新的水平。明清时期仿生陶瓷的代表是紫砂器和清代晚期外形超仿真的仿生瓷。

紫砂器属于陶器，是以宜兴紫砂壶为代表的陶器制品。紫砂壶的造型可划分为几何和自然形体造型、筋纹器造型、水平壶和茶器造型。

其中，几何体造型的紫砂壶，俗称“光货”，水平壶和茶器造型则为“工夫茶”的茶具，而自然形体紫砂壶和筋纹器紫砂壶造型则体现出较强的仿生特点。

自然形体紫砂壶造型俗称“花器”“花货”，是用浮雕、半浮雕的造型手法，仿生自然界、动物界自然形态的紫砂壶。例如，供春树瘿壶、鱼化龙壶、松竹梅壶（又称，岁寒三友壶）、翠蝶壶、荷花壶等，均属于“花货”类。鱼化龙壶是将鱼和龙的形象融入紫砂壶，壶身以云浪或海浪纹装饰，巨龙似盘旋于壶身之上，壶把手如同龙身和龙尾，壶盖上则饰以鱼吞龙珠和荷叶、莲蓬等形态，整个壶的造型栩栩如生，颇具自然意蕴。以梅、松、竹等自然形态入壶的“岁寒三友壶”，即以植物形态入壶，所制成的紫砂壶样态栩栩如生，自然趣味十足。

筋纹器紫砂壶造型多以自然界的瓜棱、菊瓣、莲瓣、树桩、行云、流水等入壶，从而使得紫砂壶呈现出独特的自然效果。例如，莲瓣壶即是以莲花花瓣的自然形态入壶，从视觉美感上来看，莲瓣壶的形态和其他筋纹器一样，整体凹凸起伏，规律有序，人们不仅可以从侧面欣赏壶的自然形态，还可以从上空俯瞰壶的自然形态与线条结构和线面转折过渡所形成的明暗律动和委婉曲折之美。又如，菊瓣壶以菊花花瓣入壶，而筋纹器特有的线条结构使得整个壶的形态如同立体的菊花花瓣般优雅、美丽。

除了紫砂壶之外，清代乾隆年间出现了大量仿拟造型准确无误，仿肖逼真，达到以假乱真程度的象生瓷器具。根据造型不同，清代乾隆年间的仿生瓷大体可以划分为四种类型，即仿人类瓷器、仿动物类瓷器、仿器物类瓷器和仿建筑类瓷器。例如，瓷制核桃、花生、瓜子、螃蟹、菱角、枣、莲子、栗子、樱桃、蚌、桃实、荷莲、鸭等几乎达到以假乱真的地步。这些器具已脱离了实用功能，成为纯粹的观赏品。

综上所述，中国仿生陶瓷的历史极其久远，随着中国古代陶瓷烧制工艺的进步而不断发展，受不同时代封建统治者和时代审美的影响而体现出别具一格的特色，直至清代晚期，中国古代仿生陶瓷的工艺水平达到了历史最高峰。

（二）中国古代仿生陶瓷中自然之美的体现

中国仿生陶瓷具有较强的装饰性、功能巧妙性、象征寓意性，体现了中国传统文化的审美情趣、设计思维和民俗心理。然而，并非所有中国古代的仿生陶瓷均体现了自然之美，只有将自然之美的创作理念融入仿生陶瓷，仿生陶瓷才能体现出自然之美。根据这一标准，仿生陶瓷的自然之美并不单纯追求模拟对象的逼真程度，而更重视仿生陶瓷器具中是否蕴含着自然之美的艺术精神。

以宋代仿生陶瓷为例。

宋代陶瓷不仅在工艺技术、生产规模等方面较之前代取得了长足进步，还在陶瓷艺术方面取得了较高成果，为宋代仿生陶瓷自然之美的审美提供了前提条件。

1. 宋代窑口众多，遍及全国

宋代陶瓷窑口众多，无论南方还是北方均出现了具有影响力的名窑，形成了八大名窑系，如定窑系、磁州窑系、龙泉窑系、耀州窑系、钧窑系等。宋代遍及全国的窑口与宋代陶瓷烧制工艺、陶瓷材料的创新和发展之间存在着极其紧密的关系。

仿生陶瓷对陶瓷烧制工艺的要求较高，而宋代陶瓷烧制工艺和材料的创新与发展为宋代仿生陶瓷造型中体现出的自然之美审美提供了必不可缺的前提条件。

2. 宋代自然哲学思想朝着审美自觉转变

中国美学史上，至少有过两次意义巨大的突破：第一次发生在先秦，由庄子所完成；第二次延续的时间要长一些，历经魏晋至唐宋。宏观地看，这两次突破有着历史的延续性。① 老庄自然哲学思想对中国古代的美学精神产生了极其深远的影响。宋代审美思想受老庄自然哲学思想的影响，反映在文学、艺术和器物制作方面开创了以自然环境为审美对象的新的审美风气。因此，宋代仿生陶瓷与明清时期的仿生陶瓷相比，不但外形上体现了自然之美，而且造型中蕴含着以自然为美的审美精神。

根据陶瓷器具的功能，宋代仿生陶瓷可以划分为碗钵类、盘碟类、瓶壶类三种类型。碗钵类仿生陶瓷多以花口器型为主，即在碗钵的口沿处进行植物仿生造型，主要以莲花、菱花、菊花以及葵花造型为主。由于碗钵本身的功能以盛装功能为主，因此宋代碗钵类花口仿生陶瓷通常以高足、深腹、花口为特征，既不影响功能性，整体还显得端庄、秀美。

① 张节末. 禅宗美学[M]. 杭州：浙江人民出版社，1999：3.

盘碟类仿生陶瓷也以花口器为主，盘口造型多以葵花式、菱花式、海棠花式、牡丹花式、菊花式为主。盘碟类仿生陶瓷也以功能为主，将传统盘碟口部的圆形变为花瓣形，在保障盘碟的功能时，使器具呈现出参差错落、富有节奏的动态美（表 2–3）。

表2–3　宋代主要仿生陶瓷类型一览表

类型	特点
碗钵类	以花口器型为主，如葵花式、菱花式、菊花式、莲花式等
盘碟类	以花口器型为主，如葵花式、菱花式、海棠花式、牡丹花式、菊花式等
瓶壶类	瓜棱瓶、海棠式瓶、葫芦瓶等

资料来源：《中国仿生陶瓷造型设计研究》《中国陶瓷设计史》《中国陶瓷文化史》等书籍。

宋代，瓶壶类的植物仿生造型较多，如瓜棱瓶、海棠式瓶、葫芦瓶等。与碗钵类和盘碟类不同，宋代瓶壶类植物仿生造型体现出整体造型仿生的特点。这与瓶壶类器具的功能有着直接关系。瓶壶类器具不仅具有盛装功能，还具有较强的陈列功能和赏玩功能。

例如，宋代瓜棱菱花口瓶不仅花口采用多瓣菱花造型，而且瓶足和瓶腹部与瓶口的花瓣相对应，将瓶腹划分为多个部分。

除了以上三种类型的器具之外，宋代花插、杯、盏、盒、洗子、盆等器具也有大量仿植物形态的造型。

陶瓷仿生的终极目标是体现陶瓷艺术与自然观念之间的关系，将自然造型融入陶瓷造型之中，并作用于人的情感、思想和行为。纵观宋代仿生陶瓷，大多施以单色釉，以青釉和白釉为主，仿生造型简约而不繁复，既能够使人们在使用这些器具时联想到自然，充分感受自然之美，又保证了陶瓷器具的实用功能，体现了功能使用和装饰美感上的双重追求，蕴含着自然之美的艺术理念。

二、“素朴之美”对古代陶瓷造型的影响

《老子·十九章》指出：“见素抱朴，少私寡欲”。[①] 老庄美学思想倡导美在自然，自然的本性是朴素，自在无为，淡然无极。所谓朴素，就是纯任本性，不加雕饰，也就是顺乎“道”的规律。所谓率真，也就是率性自然，表达出自己的真情实感，使自己的本性与自然之“道”的本性相合。受老庄哲学和美学思想的影响，中国古代传统陶瓷的造型体现出简约的特点。

以紫砂壶为例。

紫砂壶，属于茶具，是中国古代茶文化的从属物，以古朴典雅而著称于世。紫砂壶的“素朴”之美，体现在胎质、釉色、造型等多个方面。

从胎质上来看，紫砂壶的胎质以裸胎为美，素质、素形、素色、素饰，不上彩，不施釉，保持了泥土与生俱来的质感和自然美。紫砂壶的裸胎体现了朴实无华的风格，彰显了返璞归真的老庄哲学和美学思想。

除了紫砂壶天然泥质中体现出的朴素和自然之美外，紫砂壶的造型也彰显出朴素的“大美”精神。前文中对紫砂壶的造型类型进行了详细分析，这里不再赘述，重点对几何体造型的紫砂壶，即“光货”造型体现出的“素朴之美”进行详细分析。

紫砂壶光货造型根据长方体、球体、圆柱体等几何形体变化而来，以点、线作为紫砂壶的装饰变化。光货造型紫砂壶大体可划分为方器和圆器两种类型。

紫砂壶光货素器产生于宋代，经宋元时期的演变，至明清时期有了较大

① 李耳．老子[M]．河上公，王弼，注．上海：上海古籍出版社，2013：40.

发展，出现了众多光货紫砂壶型。其中“曼生壶”以自然朴素的造型，营造出师法典雅古朴的自然审美意蕴，备受人们的喜爱。

曼生壶产生于清代中期，是由陈曼生以及当时的制壶大家陈鸣远、杨彭年等人共同创造的壶型。陈曼生名鸿寿，字子恭，诗文书画俱佳，且擅长篆刻，曾在江苏赣榆、溧阳担任河工江防同知、海防同知、知县。陈曼生在担任知县时，与陈鸣远、杨彭年等人交往，当时的紫砂壶以釉彩画装饰或镶嵌金银宝石之风盛行。陈曼生与友人一起设计出了古朴天然的简洁造型，并以壶坯为纸在上题诗铭文、作画篆刻，诗书画与壶相互辉映，呈现出了独特的恬淡无为的素朴之美。

曼生壶的造型以光货为主，且多取材于自然生活，具体可以划分为两大类型，一种类型来源于自然，表现自然现象、自然植物之美；另一种类型则来源于生活，提取人类改造自然后的景观，表现自然界的人为改造之美，既体现出较强的生活趣味，又蕴含着知足、勤劳、包容、敬天的朴素思想情趣（表 2–4）。

表2–4 曼生壶壶型、取材一览表

类型	细分类型	取材来源	壶型
自然	自然事物	月、星辰、云	横云壶、合斗壶、却月壶、饮虹壶、春胜壶
	植物 / 动物	葫芦、匏瓜	葫芦形壶、南瓜形壶、天鸡壶、古春壶
人类改造后的自然	民居建筑装饰	瓦当、井栏	井形壶、飞鸿延年壶、汲直壶、提梁壶、延年半瓦壶
	古器	铫、周盘、瓯	石铫壶
	日用物品	瓢、斗笠、团茶饼	合欢壶、钿盒壶、百衲壶、覆斗壶、牛铎壶

资料来源：《紫砂壶收藏鉴赏百科》《紫砂壶收藏实用解析》等书籍。

从上表中可以看出，曼生壶式样众多，统称为“曼生十八式”。其中“十八式”仅为概数，也可能会有二十二种，甚至更多。清代《前尘梦影录》中记载：“陈曼生司马在嘉庆年间官荆溪宰，适有良工杨彭年善制紫砂壶瓶，捏嘴不用模子，虽随意制成又有天然之致，一门眷属并工此技。曼生为之题其居曰‘阿曼陀室’，并画十八壶式与之，其壶铭皆幕中友如江听香、郭频迦、高爽泉、查梅史所作……”①

《前尘梦影录》录有二十二款曼生壶式，分别为石铫、汲直、却月、横云、百衲、合欢、春胜、古春、饮虹、井栏、钿盒、覆斗、瓜形、牛铎、井形、南瓜形、延年半瓦、葫芦形、飞鸿延年、天鸡、合斗、提梁等。除《前尘梦影录》中所列的壶形外，据传曼生壶式还包括周盘壶、圆珠壶、乳鼎壶、石铫、镜瓦壶、棋奁壶、方壶等。②

从总体上来看，曼生壶外形取材于自然生活，造型简单、寓意深刻，壶形与题铭、落款形成独特的统一表述整体，表达了特定的生活意趣，反映了以素材为美的哲学意蕴。

第三节 老庄哲学思想对中国古代陶瓷纹饰的影响

老庄哲学思想中的以自然为美、以素朴为美、隐逸思想不仅对中国古代陶瓷的造型产生了深刻影响，还对中国古代陶瓷纹饰产生了较大影响。本节主要对老庄哲学思想对中国古代陶瓷纹饰的影响进行详细分析。

① 王建华．紫砂壶收藏鉴赏百科 [M]. 北京：华龄出版社，2008：89.

② 华文图景．紫砂壶收藏实用解析 [M]. 北京：中国轻工业出版社，2007：124.

一、中国古代陶瓷纹饰的类型及特点

陶瓷纹饰是陶瓷装饰的重要组成部分，这里所指的陶瓷纹饰主要指陶瓷纹样。中国古代陶瓷纹样是伴随着中国古代陶瓷的产生和发展而产生和发展起来的，是中国古代先民在长期的劳动实践中创造出来并且形成了一定民族特色的工艺美术样式。

中国古代陶瓷纹样具有较强的装饰性，是陶瓷装饰手段之一，能够提升陶瓷的艺术性和文化性，也是一种精神形态，反映了特定历史时期的文化和艺术特色。陶瓷纹饰与陶瓷造型、陶瓷色彩、陶瓷肌理等因素，共同构成了陶瓷艺术的审美，赋予了陶瓷艺术较强的精神价值。

中国古代陶瓷纹饰具有以下几个显著特点。

（一）类型丰富多样

中国古代陶瓷纹样题材广泛，类型丰富，大体可以划分为几何纹样、花鸟瑞兽类纹样、人物山水类纹样、文字书法纹样四大类型（图 2-2）。

几何纹样在陶瓷产品纹饰中多以辅助和陪衬的方式出现。几何图形多以点线面为基本元素，通过夸张、变形和重新构思，形成平行线、曲折线、回纹、雷纹、三角纹、五角纹、螺旋纹、卷云纹、椭圆纹等纹样。这些纹样大多与其他纹样组合使用，较少单独使用。

花鸟瑞兽类纹样是陶瓷产品纹样的重要组成部分，主要包括龙、凤、麒麟、狮、虎、马、牛、鸟、鱼、家禽、家畜等动物纹样。植物类纹样则包括牡丹、莲花、菊花、西番莲、葵花、梅花、鸡冠花、海棠、玉兰花等花卉，忍冬、柳叶、竹枝、兰草、蕉叶、慈姑、芦苇、瑞草、水藻等草木枝叶，以及葡萄、莲蓬等瓜果类纹饰。

人物山水纹样是陶瓷纹饰的重要组成部分，主要以历史事件、神话传说、隐逸生活和宗教故事、婴孩仕女、高士和世俗人物等内容为主。

文字书法纹样是陶瓷产品纹饰的主要内容之一，文字的内容大多以陶瓷产品的物质功能为依托，寥寥数语点出陶瓷产品的实用功能，在起到装饰作用的同时，也能够通过文字和书法之美提升使用者的愉悦感受，提高陶瓷产品的意境美。

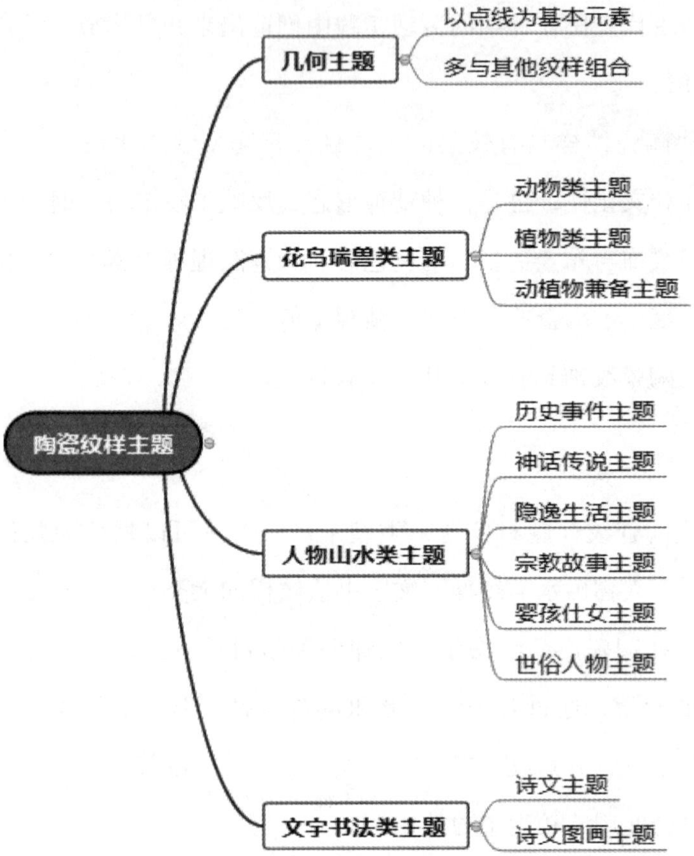

图2-2　中国古代陶瓷纹样主题示意图

（资料来源：《常用陶瓷装饰纹样》《明清瓷器纹饰鉴定：博古文字卷》《中国古代陶瓷纹饰》等书籍）

（二）鲜明的阶段性

中国古代陶瓷纹饰历史悠久，伴随着中国古代陶瓷的诞生而出现，经历了多个发展阶段，表现出鲜明的历史阶段性特点。

新石器时代，人们通过对自然界的观察，将自然现象抽象为点、线等元素，并重新对这些元素进行排列、组合、重叠、对比，从而形成了原始陶器上的纹饰。原始社会时期陶器纹饰的代表有鱼纹、云曲纹、云雷纹、鸟纹、虫纹、蛙纹、太阳纹、人面纹等。这些陶器装饰纹样中蕴含着原始先民独特的自然崇拜思想。

秦汉时期，陶瓷装饰纹样较原始社会时期更加丰富。这一时期陶瓷纹样的取材大致包括劳动人民的劳动场景、神话传说、历史故事和贵族生活等，大体可以划分为植物纹、云气纹、文字纹、动物纹。

魏晋南北朝时期，社会战乱不休，政权更迭频繁，而且长期的战争和人口迁徙促使不同地区和民族的思想频繁交流与融合，打破了魏晋时期陶瓷纹样造型单一的状况，极大地丰富了我国陶瓷纹样的类型，推动我国陶瓷纹样蓬勃发展。这一时期出现的莲花纹、连珠纹、卷草纹、忍冬纹等对后世陶瓷纹样产生了较大影响。

唐代陶瓷装饰纹样类型较魏晋南北朝时期更加丰富，以莲瓣纹、团花纹、宝相花纹、缠枝纹等为主。这些纹饰大多起源较早，唐代发展成熟。以缠枝纹为例。缠枝纹全名“缠枝纹样”，又称“缠枝花”“万寿藤”，其特点是结构连续不断，因此被人们视为一种寓意吉祥，象征生生不息生命力的纹样。缠枝纹随着装饰题材的不同，变换不同的纹样类型，常见的类型有“缠枝牡丹”“缠枝菊花”“缠枝葡萄”“缠枝石榴”“缠枝石榴”等。

宋元时期，动植物纹饰较前代更加丰富。荷花纹饰等植物纹饰得到了前所未有的发展，从而形成了我国传统纹样的代表莲花纹。元代随着青花瓷的出现和繁盛，出现了大量形式感强、造型精美的装饰纹样，包括万字纹、盘肠纹、云纹、寿字纹、龙纹、凤纹、鸾纹、麒麟纹、狮纹、兔纹、鹿纹、马纹、鱼纹、鸳鸯纹、孔雀纹、牡丹纹、菊花纹、莲花纹、缠枝莲纹、蕉叶纹、瓜果纹、月梅纹、灵芝纹等。

明清时期，随着我国古代陶瓷发展至鼎盛繁荣时期，陶瓷纹样也发展到了一定高度，出现了类型丰富、技法高超，而且繁复绚丽的陶瓷装饰纹样。

（三）独特的时代审美

陶瓷纹样类型丰富，且在不同历史时期的发展存在鲜明的时代性特点，体现出了独特的时代审美。

例如，宋代，受时代审美的影响，出现了造型简洁大方、富于变化，形式多样的莲花纹样，与宋代清雅、恬静的纯素色陶瓷相互辉映，极具特色。

又如，明清时期，陶瓷装饰纹样和色彩更加丰富。清代，陶瓷装饰纹样呈现“图必有意，意必吉祥”的特点，同时出现了大量以动植物题材为主的吉祥纹样，包括龙凤、花鸟、莲塘游禽、鱼藻、天马、麋鹿、龟、蟹、狮子等，使我国陶瓷纹样的吉祥寓意更加突出。

（四）丰富的哲学意蕴

中国古代陶瓷纷繁复杂，主题多样的纹样中所蕴含的情感和哲学思想也极其丰富。其中，婴戏主题、隐逸主题、花鸟主题等纹饰受老庄哲学思想和美学思想的影响较大。下文主要从这三个方面对老庄哲学思想在陶瓷纹饰中的影响进行详细分析。

二、老庄哲学思想对中国古代陶瓷隐逸主题纹样的影响

隐逸文化是中国特有的文化现象，具有源远流长的历史。早在先秦时期，我国即出现了隐逸之士。“隐士”一词最早出现在《庄子·缮性》：“道无以兴乎世，世无以兴乎道，虽圣人不在山林之中，其德隐矣。隐故不自隐。古之所谓隐士者，非伏其身而弗见也，非闭其言而不出也，非藏其知而不发也，时命

大谬也。”[①] 老庄哲学思想内涵丰富，其中蕴含的隐逸思想，对中国传统隐逸美学产生了较大影响。

自秦代以来，历朝历代均不乏受隐逸思想影响的文人志士，如东晋的陶渊明等。明末清初时期，隐逸思想在社会上普及并且逐渐呈现出泛滥之势，出现了天隐、地隐、山隐、园隐、湖隐等数十种类型的隐逸思想及实践。与明代之前的隐逸相比，明末清初的隐逸思想盛行具有独特的社会政治背景和文化背景。这一时期隐逸的目的和意义发生了较大变化。隐逸不再限于贫居困处的远离尘世，而是有着充足的物质条件，因此产生了类型丰富的隐逸方式，形成了“通隐”这一隐逸思想。

受明末清初隐逸思想的影响，明末清初陶瓷装饰纹样中出现了大量隐逸主题。明末清初，陶瓷隐逸主题纹样主要可以划分为五大类别，即独处、访友、清谈、游赏、居家。每种类别又可划分为多个小类别（表 2–5）。

表2–5　明末清初陶瓷隐逸主题纹样一览表

序号	类型	画面主题
1	独处	静坐玄想、临水观瀑、临水悟道、涉水咏叹、赏月观花、捶杖徘徊、持竿独钓
2	访友	携琴访友、巧驴行道、巧杖寻隐、路娇相揖
3	清谈	松下论道、船头趣话、临流清谈、对月闲聊
4	游赏	湖山幽居、清江泛舟、溪巧游乐、居家逸事
5	居家	伯夷叔齐、商山四皓、竹林七贤、虎溪三笑、桃源问津

资料来源：《常用陶瓷装饰纹样》《晚明“隐逸”题材陶瓷青花纹饰研究》《明末清初青花山水瓷画中的隐逸思想研究》等。

从上表可以看出，明末清初陶瓷隐逸主题纹样极其丰富，表现出了隐士

① 李耳，庄周．老子·庄子[M]．张溢，注译．上海：上海大学出版社，2018：142.

的生活情趣和社交，同时表现出了隐士独特的品格与气节。

老庄哲学强调对自然之道、世界之源，以及人与自然同一性至高境界的追求。“天地有大美而不言”老庄哲学思想中蕴含着独特的以道为本的世界观，崇尚自然美。隐逸文化倡导从大自然中寻求心灵的平静，“畅神”“体道”这一观点与老庄哲学推崇的自然之道，“见素抱朴，少私寡欲”思想相契合。

为了突出老庄哲学所倡导的自然、“见素抱朴”思想，明末清初陶瓷隐逸主题纹样通常以较大篇幅和笔墨描绘自然山水和景物，而对陶瓷人物的描绘则相对较为简洁，只用点墨或寥寥数笔勾勒出人物的轮廓，突出表现自然山水之美，体现“见素抱朴，少私寡欲”的隐逸品格。

三、老庄哲学思想对中国古代陶瓷婴戏主题纹样的影响

老庄哲学思想中有大量有关“婴儿”和“赤子”的论述：“专气致柔，能婴儿乎？”“含德之厚，比于赤子”“常德不离，复归于婴儿”，这些论述中将“婴儿”“赤子”作为自然、天真的代名词。

婴戏纹样以描摹婴儿的动作、表情为主，造型简单。婴儿作为人类的初始形态，保留着较强的自然天性，还未受到人类社会的影响，纯真朴实、无思无慎、少私寡欲，是天真与自然的象征。因此，古人将“婴儿”“赤子”视为具有自然本质的社会现象。

受老庄哲学思想的影响，中国古代陶瓷上出现了大量婴戏主题纹样。

婴戏纹样是中国古代陶瓷纹样之一，也是中国古代陶瓷装饰纹样中极其特殊的一种纹饰，流传时间久远，数量和种类繁多。中国古代陶瓷上的婴戏纹起源于唐代，兴于宋代，明清时走向繁盛。

早在先秦时期，中国古代砖石、玉器等器物上即出现了婴戏纹样。魏晋时期出现了描绘儿童游戏画面的壁画。根据现阶段的考古资料，唐代出现了婴戏纹陶瓷执壶，证明唐代已出现了婴戏纹样的陶瓷器具。

五代时期，陶瓷上的婴戏纹饰工艺更加多样，运用了彩绘、印花、剔刻花、划花等多种装饰工艺。尽管唐五代时期已出现了婴戏纹样，然而这一时期的婴戏纹样还处于起步阶段，在陶瓷上的应用还不普遍。宋金时期，婴戏纹逐渐发展成熟，瓷器上出现了大量式样丰富的婴戏纹样，常见题材包括放风筝、捉迷藏、对弈、蹴鞠、习武、执莲婴童、莲生贵子、喜报多子、庭院婴戏、郊外婴戏、傀儡戏、婴孩读书、三子出头、五子登科、五婴争冠、十六子、百五等。婴戏纹逐渐发展成了与动植物纹样相匹敌的纹样类型。元代，曾在宋金时期大放异彩的婴戏纹饰逐渐衰弱，山水题材的纹饰兴起。直到明清时期，婴戏纹饰才重新复兴，并发展至鼎盛（表 2–6）。

表2–6　古代婴戏纹演变特点一览表

时代划分	历史阶段	题材纹样	工艺特点	审美风格
婴戏纹萌芽期	唐五代	莲花童子图案	彩绘、印花、剔刻花、划花	浪漫主义写实风格
婴戏纹成熟期	宋代 金代	婴戏与植物纹、动物纹、水族类纹饰组成的图案，包括 婴戏莲花纹、婴戏牡丹纹等	彩绘、釉彩、珍珠地划花、印花、刻花、	受宋代婴戏绘画的影响，呈现出婉媚清丽，衣饰鲜润、生动自然、布局巧妙的特点
		婴戏玩乐场景，如儿童牧鸭图、儿童河边垂钓与玩耍图、戏雀图、蹴鞠图、孩童与竹马、孩童与风筝、孩童 与玩偶等		
		婴儿化生图		
婴戏纹衰弱期	元代	表现童子天真的图案	三彩、白地黑褐彩	笔法粗犷，浓重的写意风格

续　表

时代划分	历史阶段	题材纹样	工艺特点	审美风格
婴戏纹复兴期	明代	题材广泛，有戏莲图、蹴鞠图、放风筝图、捉迷藏图、斗蛐蛐图、玩花灯图、庭院嬉戏图、玩陀螺图、习武图、对弈图、斗草图、猜拳图等	青花、斗彩	画面简洁，处于不断简化、抽象过程中，运用写意变形手法，重视神似，表现力强，富有动感，生动有趣
	清代	纹饰题材繁多，有一婴戏、二婴戏、三婴戏、五婴戏、十六子、百婴戏等	青花、五彩、珐琅彩、粉彩、色地加彩	前期工艺精湛，后期趋于程式化、略显呆板，出现了一些创新题材，对后世婴戏纹发展产生了深远影响

资料来源:《常用陶瓷装饰纹样》《宋代婴戏图绘画与磁州窑婴戏纹饰比较研究》《中国古瓷婴戏纹研究》《明代青花瓷器人物纹饰研究》等。

纵观我国古代陶瓷上的婴戏纹样，题材广泛，寓意吉祥，寄托着古代人民朴素的祈求吉祥的愿望。这些纹饰大多表现出婴孩天真、无邪的一面。

以宋代陶瓷上的婴戏纹样为例。

宋代是婴戏纹的大发展时期，这一时期的婴戏图多以乡村特色和具有民俗意蕴的孩童活动场景为主。例如，孩童在河边垂钓、牧鸭、戏莲、蹴球、放风筝等。与乡村题材和民俗题材相对应，宋代婴戏纹样中婴孩的整体造型表现出婴孩独特的憨态，脸型圆润、体态丰满匀称，上身通常穿肚兜、短衫或开襟长褂，下身则着长裤，发型为总角或垂髫，他们或嬉戏，或酣睡，自在地在天地间游戏，呈现出一种欢快自然，自由、闲适、朴素的乡村生活样貌。这些婴戏纹样彰显了婴孩天真无邪的一面，反映出老庄哲学对陶瓷纹饰的独特影响。

四、老庄哲学思想对中国古代陶瓷花鸟主题纹饰的影响

花鸟画是中国古代主要绘画题材之一，肇始于魏晋年间，萌芽于隋代，发展至唐代逐渐成为独立于人物画和山水画外的画科。自唐代，中国花鸟画进入了波澜壮阔的发展阶段，至宋代迎来第一个鼎盛时期，明清时期，中国花鸟画逐渐发展至巅峰。

（一）中国古代陶瓷器花鸟主题纹饰的发展演变

中国古代花鸟画的发展对古代陶瓷纹饰产生了直接影响。中国古代陶瓷器上的鸟类形象出现较早，新石器时代陶器上即出现了鸟类纹饰，这一时期的鸟类纹饰往往单独出现。

隋唐时期，受同时代花鸟画艺术的影响，陶瓷器上的花鸟纹饰开始兴盛，题材丰富，画技成熟，笔法流利，生动自然。宋代，陶瓷器上的花鸟纹饰题材更加广泛，而且除了传统的剔花、刻花、划花之外，还出现了使用毛笔绘制图像的装饰手法，进一步推动了陶瓷器上花鸟纹样的发展。

明清时期，陶瓷器上的花鸟纹饰发展至鼎盛阶段，出现了鸳鸯纹、鹤纹、鹊纹、孔雀纹、雉鸡纹、雁纹、鹌鹑纹、鹰纹、鹭鸶纹、翠鸟纹、绶带纹、燕纹、鸲鸽纹、鹦鹉纹、黄鹂纹、白头翁纹、其他花鸟纹、鸡纹、蝴蝶纹、草虫纹等细致分类，题材丰富多彩（表 2–7）。

表2–7　中国古代陶瓷花鸟纹饰演变一览表

发展阶段	特点 / 风格	主要窑口	代表陶瓷器
史前至秦汉	新石器时代的彩绘陶装饰有丰富多样的花鸟图案，以线条刻画为主，主要采用画花、刻花、印花等装饰方法	—	彩陶鱼鸟纹细颈瓶

续 表

发展阶段	特点 / 风格	主要窑口	代表陶瓷器
三国两晋南北朝	莲花纹和忍冬纹的组合是代表性的装饰题材，主要使用压印、刻花、堆贴、塑饰、雕镂、釉彩等装饰方法	—	铅黄釉绿彩莲瓣纹罐
隋唐	写意风格、釉下彩工艺，题材广泛	磁州窑、长沙窑	长沙窑青釉褐绿彩荷花纹执壶
宋代	工笔白描手法，多用“开光”手法突出主题纹饰，将使用毛笔绘制图像的装饰方法推广开来	吉州窑系、磁州窑系	磁州窑白地黑花竹雀纹枕
元代	风格淡雅宁静，沉稳	吉州窑、磁州窑、景德镇青花瓷	元青花松竹梅纹瓶
明代	工笔画、小写意画、大写意画	官窑青花与民窑青花各具特色	永乐枇杷绶带鸟图碗
清代	题材广泛，层次分明	官窑为主	清康熙五彩鸳鸯纹碗

资料来源：《论禅思想下的水墨画意境与青花山水画创作》《中国花鸟画对明代青花瓷“花鸟纹饰”的影响研究》《明清时期花鸟画题材彩绘瓷研究》等。

中国古代花鸟画的兴起与发展有着极其独特的社会政治、经济和文化背景，同时也与我国古代哲学思想以及美学思想有着不可分割的联系。

（二）老庄哲学思想对中国古代陶瓷花鸟主题纹饰的影响

老庄哲学思想对中国古代花鸟画以及古代陶瓷器上的花鸟画纹样产生了重大影响。

老庄哲学主张自然、淳朴、简约、无为，老庄哲学思想中蕴含内涵丰富的审美观念、审美理想、审美情趣、审美追求和审美方式，从而促成了老庄美学思想。

老庄美学思想以道法自然作为基本美学观念，以崇尚简约、天然、朴素作为审美取向，追求质朴的审美理想。老庄美学思想对中国传统花鸟画艺术，以及中国古代陶瓷器上的花鸟纹样产生了深刻影响。具体体现在以下几个方面。

1.道法自然对古代陶瓷花鸟主题纹饰的影响

道法自然中的“自然”并非特指自然界，而是指事物本身所固有的存在方式，即事物自身的本性。万事万物均需遵循一定的自然规律而运行。艺术源于生活，同时反映生活。花鸟画的创作应当以尊重自然为前提，而且人们只有观察、了解并体会动植物中所蕴含的自然美，才能深入地分析、研究和把握对象的内在特征。画家在绘画中只有坚持道法自然的审美思想，才能达到物我两忘的境界。

陶瓷器上的花鸟纹样创作也是如此，道法自然要求绘画者以自然为师，尊重自然，同时又不能泥古不化，以彰显花鸟的自然神韵。

明清时期，陶瓷器上的花鸟纹样极其丰富，无论是工笔还是写意手法，无论采用何种工艺，都从布局、色彩、构图等出发，尊重自然，呈现出了较强的自然意蕴和悠远意境。

2.崇尚简约对古代陶瓷花鸟主题纹饰的影响

老庄美学思想崇尚简约，注重“虚静”的意境。受这一美学思想的影响，我国传统绘画极其注重意境。绘画意境是指画家观察自然界中实际存在的景物并与自己内心体会和情感抒发相结合，反映到绘画作品中的艺术精神境界。

“虚静”一词最早源于老庄思想，万物本为虚静，人要达到虚静的境界则需身与物化，与物同游，与道同体。老子说“致虚极，守静笃”。“虚”“静”是两种不同的状态，二者之间存在辩证统一的关系，虚是通往静的必然之足，只有致虚到极处，才能笃实归静，而静则是虚的外在体现。

“虚静”思想反映到艺术创作中，则彰显为虚静意境。受老庄美学意境的影响，中国古代花鸟画十分重视营造“虚静”的意境。例如，宋代崔白的《寒雀图》《芦雁图》等花鸟绘画即彰显出了静谧的意境。元代花鸟画中的虚静、空灵、高古意境更加突出。宋元时期的花鸟画对明清时期的花鸟画创作产生了较大影响，延续了“虚静”的意境。

中国古代陶瓷花鸟主题纹饰受不同时代花鸟画风格的影响较大，呈现出较强的时代性特点。然而，无论是宋代的陶瓷花鸟纹饰还是明清时期的陶瓷花鸟纹饰，均表现出对虚静意境的追求，反映出老庄美学注重“虚静”的思想。

3. 追求质朴对古代陶瓷花鸟主题纹饰的影响

老庄美学以自然为本，崇尚质朴。前文指出《老子・十二章》中“五色令人目盲，五音令人耳聋，五味令人口爽”倡导见素抱朴的色彩观。这一点对宋明花鸟画家产生了较大影响。

我国唐代之前的绘画色彩以青、赤、黄、白、黑五色为主。唐代，花鸟画成为独立的学科，初期花鸟画色彩艳丽，富丽堂皇。唐代王维受老庄美学的影响提出了“画道之中，水墨为上”[①]的观点，一些画家开始有意识地摒弃富丽堂皇的绘画风格，转而追求自然天趣，倡导以朴素为贵，崇尚水墨至上。五代时期，徐熙将水墨大写意画法引入花鸟画，以墨为主，色彩只起辅助作用，彰显出了朴素淡雅的风格。

宋代花鸟画在设色鲜艳，工整精细之外，逐渐形成了水墨写意画法，借助水与墨的融合，以及黑白画面，描绘自然的同时，表达画家内心的情感，彰显出虚实相生之境。明代，花鸟画进入白阳青藤时代，涌现出陈淳、徐渭等花鸟画大家，他们追求虚实相生，墨趣盎然的绘画效果。

受水墨花鸟画的影响，古代陶瓷花鸟主题纹饰也呈现出淡雅的水墨色彩观，展现出淡简、空灵的特点。这一点在青花瓷器上体现得较为鲜明。青花瓷

① 蒋义海．中国画知识大辞典[M]. 南京：东南大学出版社，2015：577.

花鸟画以青花设色，彰显出了花鸟画的自然之趣，质朴淡雅的风格，反映出了老庄美学思想的特点。

第四节 老庄哲学思想对中国古代陶瓷色彩的影响

老庄哲学思想内涵丰富，对中国古代色彩观产生了极其重要的影响。本节主要对老庄哲学思想对中国古代陶瓷色彩的影响进行详细分析。

一、老庄哲学思想与中国陶瓷“素”文化

“素”本义为白色生丝，引申为“不加功饰”，是自然质朴之意。“朴”，指未加工的木材，喻不加装饰，通“素”。古代“素”“朴”为同义词组。古代，素多指无色或白色。

（一）老庄哲学思想对“素”文化的影响

老庄哲学思想倡导“有无相生”“自然无为”的哲学思想，从朴素自然中来获取博大无为的境界。在这一思想的影响下，“见素抱扑”“致虚守静”美学观念得以形成。《庄子·天道》中指出：“朴素而天下莫能与之争美。”[①] 不经任何修饰的美是自然之大美，永葆真色，其他万物不能与之媲美。在老庄思想的影响下，宋代由于特殊的政治、经济和文化背景，逐渐开始崇尚“素”文化。

宋代位于我国两千多年封建制度的中期，唐代灭亡后，社会陷入政权割据的战乱时代，经历了长达半个世纪的分裂动荡后，宋代才得以建立。宋代建国后，视唐代末年的军阀混战为前车之鉴，采用各种措施加强中央集权，维护

① 陈鼓应．庄子今注今译[M]．北京：中华书局，1988：337.

皇权，削弱相权。

宋代实行崇文抑武的政治统治方针，大力抑制武将，削弱地方军权，建立了冗兵冗官制度。为了吸纳人才，宋代对隋唐以来的科举制度进行完善，通过科举制度选拔人才，重视文人士子的需求，赋予文人士子较高的社会地位，逐渐形成了以文人思想意识为社会主流，以文人士大夫为社会审美主体的显著特征。文人士大夫作为审美主体这一阶层规模之大、成员构成之广泛、在政治舞台上之活跃、与社会价值导向之密切，在宋朝达到空前的高度。

受宋代特殊的政治制度的影响，宋代文人士大夫群体的胸襟抱负从唐代开疆拓土，建功立业的外向心理转向内敛深思的个人情怀，回归理性思考，崇尚在艺术创作中表达内心的情感。与唐代华丽、丰满、庄重、博大、色彩艳丽、富丽堂皇，气象辉煌的审美不同，宋代受老庄思想的影响，形成了崇尚自然朴素，重视精神世界，不以刀斧雕琢为尚，追求绚烂之极归于平淡的时代审美。

以宋代绘画为例。

宋代是我国古代绘画思想和绘画技巧发展和成熟的时期。与隋唐时盛行“金碧山水”不同，宋代文人更倾向于创作水墨画，以彰显“见素抱朴”的审美思想，营造独特的、富有韵味的、虚实相生的画境。

宋代绘画中的“素”体现在色彩和留白等方面，以墨为色，尽洗铅华，娱情水墨，以水墨在素白的宣纸上勾勒和绘画，注重画面布局和留白，以形成虚实相生的意境。

（二）“素”文化在古代陶瓷色彩上的表现

宋代“素”文化不仅反映在文化艺术创作方面，还体现在陶瓷色彩上。

1. 宋代陶瓷工艺创新为陶瓷“素”文化色彩奠定了基础

宋代陶瓷烧制工艺已相当纯熟，并有了创新，即便不使用化妆土也能够烧制出玉质般光泽的陶瓷釉色。与前代相比，宋代陶瓷烧制工艺的创新体现在多个方面，其中即包括陶瓷窑变工艺、釉色和胎土工艺、陶瓷釉面装饰工艺的创新。

（1）陶瓷窑变工艺。利用陶瓷窑变工艺，工匠不但能够烧制出前所未有的色彩，将陶瓷高温釉推到新境界，而且能够通过不同深浅和形状的渐变或花色赋予陶瓷釉色以变化，使陶瓷釉色富有生命力和活跃性。

以钧窑和建窑为例。

宋代钧窑利用窑变工艺烧制出青中带红、灿如红霞的釉色，釉色过渡自然柔和，自成一体，极具装饰性。建窑则烧制出富有变化的结晶釉和窑变花釉，在黑色釉色上呈现出条状和油滴状结晶，赋予黑色釉独特的魅力。

（2）釉色和胎土工艺。宋代青瓷大放异彩，与宋代工匠对青釉的创新密不可分。宋代工匠在青釉中加入了石灰釉和石灰碱釉，并配合烧成温度与还原气氛，从而烧制出如冰似玉般多姿多彩的青瓷。

宋代工匠对陶瓷胎土进行了深入研究和创新。陶瓷胎体的色调对陶瓷釉色具有较强的衬托作用。传统的陶瓷胎土色泽多灰色或灰白色，即多为灰胎或灰白胎。宋代陶瓷工匠选用优质胎土，并且对陶瓷胎土的色泽进行调节，从而使陶瓷釉色更加出众。总体上来看，宋代陶瓷胎土色泽与前代相比更加洁白。此外，宋代工匠还掌握了通过胎土控制釉色色泽的技术。

例如，龙泉青瓷以青釉为主，往往在胎土中加入紫金土降低胎体的白度以衬托青釉的通透色泽。

又如，粉青瓷和梅子青瓷对胎体的白度要求较高。景德镇窑和泉州窑所烧制的陶瓷胎体均较白，在洁白陶瓷胎体上施釉再经烧制即可烧制出更加通透、莹润的釉色。

（3）陶瓷釉面装饰工艺。除了窑变工艺之外，宋代陶瓷的釉面装饰工艺较之前代获得了较大突破。宋代之前的陶瓷釉面装饰大多通过化妆土实现。宋代陶瓷釉面装饰则大量借鉴了中国书画艺术、剪纸工艺、印花刻花工艺、漆器雕刻工艺，从而使得宋代陶瓷釉色不用其他色彩也能呈现出丰富、生动的效果，具有极强的生命力。

例如，宋代陶瓷通过釉面刻花和印花工艺，创造性地将陶瓷工艺与传统的诗书画艺术结合起来，以瓷坯为纸，以黑彩为墨，创造出独具特色的黑地白彩或白地黑彩陶瓷装饰艺术。

综上所述，宋代陶瓷工艺的创新对陶瓷“素”文化奠定了重要基础。宋代陶瓷“素”文化反映在釉色方面，呈现出以无染无为，清幽柔弱为美，沉静素雅的特点。

2. 宋代陶瓷色彩的“素”文化

宋代陶瓷色彩呈现出独具特色的“素”文化，主要表现如下所述。

宋代之前陶瓷的釉色已出现了红色、黄色、紫色、黑色、白色、灰色等。宋代陶瓷的釉色与前代相比种类更加丰富，然而却呈现出艳而不俗、浓而不重，清淡相宜的特点。宋代陶瓷的釉色主要包括青釉、白釉、黑釉、彩釉等类型，每种釉色又可细分为多种不同类型（表 2–8）。

表2–8　宋代陶瓷代表窑口釉色一览表

类型	窑口	釉色	评价
青瓷	汝窑	釉色浅青淡蓝，具体可划分为天青色、卵青色、虾青色、冻青色、豆青色，以天青色最为珍贵	釉厚而声如磬、明亮而不刺目，釉色淡雅，呈现出恬静柔和之感
	官窑	釉色有天青、粉青、米黄、油灰等多种单色釉，以粉青色最为珍贵，釉纹有冰裂纹、鳝血纹、梅花纹、墨纹等	素面无装饰，釉色幽雅纯净

续　表

类型	窑口	釉色	评价
	哥窑	无光釉色，釉层凝厚，朴素简约，粉青、油灰、灰青、米黄、奶白、月白等釉色，釉面呈梅花状、网状、鱼子纹的开片纹样	哥窑釉上有开片或纹片，俗称金丝铁线、紫口铁足
	耀州窑	釉色青中泛黄，比较清亮的橄榄青，采用划花、剔花、刻花、雕花等工艺手法，在胚体上刻有飘逸流畅的线条和图案，釉色沉静典雅	有“其色温温”“巧如范金，精比琢玉”之美感
	龙泉窑	粉青和梅子青	至如蔚蓝落日之天，远山含翠；湛碧平湖之水，浅草如春。豆含荚于密叶，梅摘浸于晶瓶。或鸭卵新孵，或鱼鳞闪彩。洁比悬黎，光不浮而镜净；美同垂棘，色常润而冰清。蕴之也久，而火气销；藏之也深，而光芒敛
白瓷	定窑	釉色为乳白色，白中闪浅米黄色，类似象牙白，多使用画花、绣花、印花等装饰	釉色白如玉，淡泊中透着清新素淡，静谧典雅的美感
青白瓷	景德镇窑	釉色青中透着白色的光感，白中又现出青青的色调，如冰似玉，有“影青”“印青”“隐青”之称	胎质洁白细腻，釉色洁净高雅
黑瓷	建窑	釉色以漆黑为主，釉中含铁量高，在高温状态下形成多种形态的结晶，产生“鹧鸪斑”“油滴”“星盏”“玳瑁”“兔毫”等釉面装饰	千变万化的釉变装饰，具有洁净典雅的特质
	吉州窑	釉色呈酱色，其上以剪纸贴花，木叶纹装饰	

续 表

类型	窑口	釉色	评价
彩瓷	钧瓷	釉色以红、蓝为基调，在青釉中加入铜元素，经氧化、还原反应，形成青中带红，红中泛紫，紫中藏青或红、蓝、紫相间，美艳宛如玫瑰，变化犹如晚霞的釉色	釉色五彩、艳丽绝伦，但沉静典雅而不轻浮，具有含蓄深沉的特质

资料来源：《中国陶瓷史》《中国古代陶瓷》《中国陶瓷文化史》《中国陶瓷设计史》等书籍。

宋代陶瓷的装饰赋予陶瓷器独特的纹理和生命活力。宋代之前的陶瓷装饰多使用化妆土，以区别于陶瓷胚体的丰富色彩进行装饰。纵观宋代陶瓷主要窑口，陶瓷釉色虽然丰富多变，但主要以单色釉见长，即便出现了钧瓷的多色釉，其釉色也较为质朴和自然，呈现出较强的含蓄淡泊、无染无为之美。

二、老庄哲学思想与青花陶瓷

青花瓷是中国传统名瓷之一，以独特的民族特色装饰艺术风格和青白色彩构成的画面而备受人们的喜爱。中国传统青花装饰工艺属于釉下彩绘艺术形式的范畴。古代传统青花装饰艺术最早出现于唐代，成熟于元代。

（一）青花瓷的发展及特点

早在唐代，即已出现了青花瓷器，然而这一时期青花陶瓷胎釉的洁白度、精细度、结硬度、通透度、釉下蓝彩的清晰度都没有元代青花瓷的标志。元代，我国青花瓷的烧制技艺进入成熟期，元代晚期，青花设色技艺登峰造极，呈现出蓝白两色相间，深浅浓艳，素雅大方，赏心悦目的特点。明代，青花成为瓷器的主流，清代康熙年间，青花瓷发展至高峰。明清时期，在青花陶瓷之外，还出现了青花五彩、孔雀绿釉青花、豆青釉青花、青花红彩、黄地青花、哥釉青花等衍生品种。

青花颜料中含有钴这一矿物质，主要为锰钴氧化物，在高温还原氛围中，高温烧制后的纹样与青白釉协调融洽，呈现明快而沉静的青蓝色。青花陶瓷色彩看似单调，却并不简单，表现力极其丰富鲜明，呈现出青翠淡雅，文人气息与世俗生活的浓厚趣味。

青花陶瓷自元代成熟后，明清两代工艺达到顶峰。受青花用料不同的影响，不同时代青花陶瓷的呈色和装饰风格也不尽相同（表 2-9）。

表2-9　青花陶瓷特点一览表

朝代		青花用料	呈色特征	装饰风格
元代		用料包括外来料、国产料和混合料	或鲜艳结晶，或沉静，或灰柔	元青花的层次较多，形象多、手法多、丰满、匀称、风格丰富
明代	早期	外来苏麻离青钴矿料	色彩浓丽而庄重	简朴大方，整体感强，气魄浑厚
	中期	国产青料	色彩淡雅轻柔	装饰形象、线条较为秀丽细巧、雍容大方
	晚期	回青	色彩幽静含蓄	装饰题材广泛，手法多样，笔线流畅，分水活泼
清代		国产青料	色彩鲜丽明亮	装饰笔线潇洒，形式多样

资料来源:《中国古代陶瓷》《中国陶瓷设计史》《颜色釉瓷鉴定与鉴赏》《陶瓷艺术的装饰美》《明末民间青花装饰的设计研究》等。

青花陶瓷装饰具有以下特点。

（1）青花瓷使用青花颜料在胚胎上绘制，受传统绘画的影响较大，讲究笔墨、意境，富于装饰效果。

（2）青花瓷具有一色多变的特点，即使用一种青色，采用多种艺术处理手法来表现多样化的装饰效果和风格。传统青花陶瓷可细分为白描青花、白地青花、青地白花三种类型。

（3）青花瓷的装饰形式具有多样性特点。青花瓷上的青色釉下绘画手法多样，具体可划分为通景式、折枝式、横向分割式、竖向分割式、交叉分割式、不规则分割式、开光式、绘画式等。装饰题材丰富，表现层次多样，具有具象生动，意境高远的品格。

（二）青花瓷色彩中蕴含的老庄思想

青花瓷的色彩，只有青白二色，然而一色多变，可以呈现出多样化的装饰效果。

1. 青花瓷色釉中蕴含着见素抱朴，道法自然的朴素主义思想

青花瓷青白相间的色彩中蕴含着见素抱朴，道法自然的审美意趣。老子在《老子》中指出“五色令人目盲”，青、黄、赤、白、黑等多种颜色混合在一起极易令人眼花缭乱，使人心浮躁不安。青花瓷虽然不是素色瓷，然而青白两种色彩组合却素雅而不张扬，简静淡泊，与老庄美学倡导的见素抱朴，道法自然的朴素主义思想相契合。

青花瓷的青色以氧化钴为着色剂，加入铬、锰、铜等元素调配而成，色泽深邃、宁静，釉彩通常鲜艳、素静。青色在中国古代是一种古朴、庄重的色彩，属于中国古代五色观中的正色，象征着坚强、希望和生命。白色部分，是一种白里泛青如玉润般的色泽，同时又如同晶莹剔透的白雪，给人无限遐思。青花瓷的青白两种釉色具有强烈的自然意蕴，整体呈现出脱俗的清雅和淡然的意蕴，幽雅清逸，素朴自然。

2. 青花瓷色釉中蕴含着含蓄、典雅、虚实相应的空白审美

青花瓷通过在素胎上以着色剂绘制图案进行装饰，形成青白两种色釉的效果。青花瓷上往往存在大量留白，这些留白部分与青色釉料相互映衬，具有强烈的形象、虚实之美，以及空间之美。

（1）青花瓷留白的形象之美。青花瓷装饰中存在大量留白，这些留白在画面中具有形象特征。青花瓷上的留白之处蕴含着形象单一性和多义性含义。其中，青花瓷留白形象的单一性是指形象的确定性与唯一性。青花瓷上此类留白所处的环境和位置已然决定了其特定的某一物象内容，而不可能再有其他可以超出此物象的任何形象的联想。

青花瓷留白形象的多义性是指在青花瓷上存在一些抽象性较强的图案，这些图案中的留白之处可引发人们的多样化联想。

（2）青花瓷留白的虚实之美。青花瓷上的留白表现出鲜明的虚实相映的审美意趣。青花瓷留白艺术的虚实之美主要体现在两个方面：一方面，以虚景来表现实景，从而彰显青花瓷装饰的空灵之美；另一方面，以虚景来衬托实景，虚景与实景形成鲜明对比，在实景中穿插虚景，以达到虚实相间融合，从而构成画面的整体气势。

（3）青花瓷留白的空间之美。青花瓷留白之美能够营造特殊的空间之美。青花瓷上的青色釉与留白之处共同形成蓝白相间和青白相间的空间之美。青色釉与留白之间相互映衬、相互凭借，又相互依托，呈现出以蓝显白，又以白显青的特点，共同构建青、白二色为主体的艺术空间。青花瓷上留白的空间之美与中国传统水墨画中营造的水墨黑白空间之美存在相似之处，然而所营造的意境却别具幽靓雅静之感。

综上所述，青花瓷釉色中蕴含着老庄崇尚道法自然，追求自然空灵，以及见素抱朴的美学境界，倡导大象无形、大音希声之美。

第三章　中国古代陶瓷的先秦儒家哲学思想研究

第一节　先秦儒家哲学思想概述

先秦儒家哲学思想是中国传统哲学的重要组成部分，先秦儒家哲学思想的代表孔子、孟子创立的儒家学说经过后世多个阶段的发展，在中国数千年封建社会中，对中国传统思想界、政治界产生了重大影响。本节主要对先秦儒家哲学思想进行概述。

一、先秦儒家哲学思想的特点

先秦儒家哲学思想的创立者为孔子，孟子继承了孔子的学说，并进一步发展了儒家哲学思想。

（一）孔子及其代表思想

孔子，名丘，字仲尼，春秋末期鲁国人。其幼年丧父，家境贫寒，曾做过管仓库的“委吏”和管牛马的“乘田”，后做过“司空”和“司寇”，但均历时较短。孔子将大部分时间和精力付诸教育工作，带领弟子周游列国，整理古籍，具体编撰了《春秋》，并对古代文献典籍《诗》《书》《礼》《乐》等进行了整理，为保存古代文化做出了重要贡献。孔子的言行被后学编为《论语》，成为先秦儒家哲学思想的代表性著作。

孔子既是一位博学多识，通六经的专家，又是一位名副其实的教育家，其所创立的儒家学派，倡导仁义礼智信。孔子生活于春秋时期。其所生活的年代诸侯割据，战乱频繁，社会矛盾尖锐，民不聊生。在特殊的时代背景下，孔子在对殷周礼制思想进行批判和改造的过程中，对人的本质以及伦常关系进行了深入的思考，从而形成了独具特色的哲学思想，创立了以“仁”为核心，以“礼乐”为教化的思想体系。

孔子建立的儒学思想体系是中国历史上首个完整的伦理哲学体系，从多个方面和不同层次阐释了仁学含义及其具体内容，揭示了人与社会、国家、宗族的关系，提出了以“仁”为核心的儒家道德规范。

“仁”是一种道德观念和品质，属于道德修养问题的范畴，是一种较完美的道德品质。《论语》作为记载孔子言行，体现孔子主要思想的著作，对“仁”进行了深入解读。

《论语·里仁》中有“子曰：苟志于仁矣，无恶也”[①]。孔子将“仁”置于较高的地位。

《论语·颜渊》中有“樊迟问‘仁’。子曰：爱人”[②]。孔子指出仁的本质是爱人。

《论语·雍也》中有“子贡曰：如有博施于民而能济众，何如？可谓仁乎？子曰：何事于仁！必圣也乎！”[③]孔子倡导泛爱。在对“仁”的思想进行阐释时，孔子还指出了实现“仁”的具体方法，即律己修身，以忠恕待人。

《论语·宪问》中有“子路问君子。子曰：‘修己以敬。’曰：‘如斯而已乎？’曰：‘修己以安人。’曰：‘如斯而已乎？’曰：‘修己以安百姓。修己以安百姓，尧舜其犹病诸？’”[④]

总而言之，孔子提出的“仁”是一个涵盖各个方面的、宏大而切近生活的准则。孟子在孔子学说的基础上进一步拓展成为政治准则，形成“仁政”思想体系。

（二）孟子及其代表思想

孟子，名轲，邹人。自幼丧父，其母三迁择邻，断机教子，引导孟子学

① 孔子.论语[M].杨伯峻，杨逢彬，注译.长沙：岳麓书社，2018：43.
② 孔子.论语[M].杨伯峻，杨逢彬，注译.长沙：岳麓书社，2018：154.
③ 孔子.论语[M].杨伯峻，杨逢彬，注译.长沙：岳麓书社，2018：82-83.
④ 孔子.论语[M].杨伯峻，杨逢彬，注译.长沙：岳麓书社，2018：189.

习儒学。孟子生活于战国中期，诸侯之间的战争依然频繁，人民由于战乱而陷入饥寒交迫的境地。社会上的一些人受到战乱影响而无法生存下去，不免铤而走险，进行反抗或逃亡，进一步增加了社会中的不安定因素。战国时期的思想家们为了稳定社会而提出了各种治国方案。孟子则在继承孔子“仁”学思想的基础上，提出了仁政学说。孟子的思想集中反映在《孟子》中。

1.人性本善论——仁政学说的理论基础

孟子的“性善论”是在继承孔子“性相近也，习相远也”的基础上提出的。《孟子·告子上》中指出：“人性之善也，犹水之就下也，人无有不善，水无有不下。”[①] 孟子指出人性中存在善的成分，如果不适当加以控制，则会通向恶。孟子还指出人性善主要有表现在仁、义、礼、智四个方面，这些品质并不是后天形成的，也并非外部强加的，而是人性中所固有的。

孟子提出“性善论”后，对此进行了大量论证，并强调了后天教育对人的重要影响，倡导通过创造良好的社会环境来造就善人。人性本善论是孟子仁政学的理论基础，也是其仁政学说的重要根据。

2.民为贵——仁政学说的思想内核

《孟子·尽心下》指出：“民为贵，社稷次之，君为轻。”[②] 这一思想是孟子学说的思想内核，将“民”置于社稷和诸侯之上。《孟子·梁惠王上》则进一步指出：“保民而王，莫之能御也。”[③] 如果诸侯能够保护人民，则会获得人民的爱戴，进而成为王，这是谁也阻挡不住的。

在“民为贵”这一核心思想下，孟子对“民”和“君”之间的关系进行了论证，指出“得天下有道：得其民，斯得天下矣”“有天下者，失民，则失天下；无天下者，得民，则得天下”。君民关系是相对应的，君臣关系也是相

① 孟轲．孟子[M].西安：三秦出版社，2018：104.
② 孟轲．孟子[M].西安：三秦出版社，2018：143.
③ 孟轲．孟子[M].西安：三秦出版社，2018：6.

对应的："君之视臣如手足，则臣视君如腹心；君之视臣如犬马，则臣视君如国人；君之视臣如土芥，则臣视君如寇仇。"

3. 得民心——仁政学说的基本原则

孟子仁政学说的思想内核是"民为贵"，民是国家存亡的关键。得民者可得天下，保民者可保四海。针对如何才能获得民心，孟子进行了详细分析。

《孟子·离娄上》中指出："得天下有道：得其民，斯得天下矣；得其民有道：得其心，斯得民矣；得其心有道：所欲与之聚之，所恶勿施尔也。"① 得民的关键在于得民心，得民心的方法则可划分为"所欲"与"所恶"两种类型，凡是民"所欲"则帮助他们实现，民"所恶"则不要强加于民。统治者只要做到了这两点，就能够得到民心。孟子称之为"以德服人"。

与"得民心"相对应，孟子还对"失民心"政治进行了说明，将其称为"以力服人"，并对"以德服人"和"以力服人"进行比较，指出："以力服人者，非心服也，力不赡也；以德服人者，中心悦而诚服也。"② 在此基础上指出"得道者多助"，天时、地利不如人和。

"得民心"是孟子仁政学说的基本原则，得民心应当去其所欲，去其所恶，具体应包括以下三个主要内容。

其一，保证人民的基本生活条件。

其二，对民众进行教育，使民知孝悌，明礼义。

其三，尊贤使能，俊杰在位。

先秦儒家哲学思想是中国传统儒家思想的奠基部分，继孔子和孟子之后，先秦时期的荀子也对先秦儒学进行了发展。汉代初年，先秦诸子学说获得了短暂复兴，统治者从秦代灭亡中吸取教训，推行休养生息的政策。汉武帝时期，通过"罢黜百家，独尊儒术"的方式奠定了儒家文化为主的中国文化的基本格

① 赵清文译注．孟子[M].北京：华夏出版社，2017：15.

② 赵清文译注．孟子[M].北京：华夏出版社，2017：70.

局。之后，中国传统儒家文化虽然不断发展，然而先秦儒家思想始终是儒家哲学思想的基础与核心。

二、先秦儒家哲学思想影响下的美学观

先秦儒家哲学思想对中国社会产生了极其重要的影响，形成了独特的美学观。先秦儒家美学思想，体现出了以“政教”为中心的特点（图 3–1）。

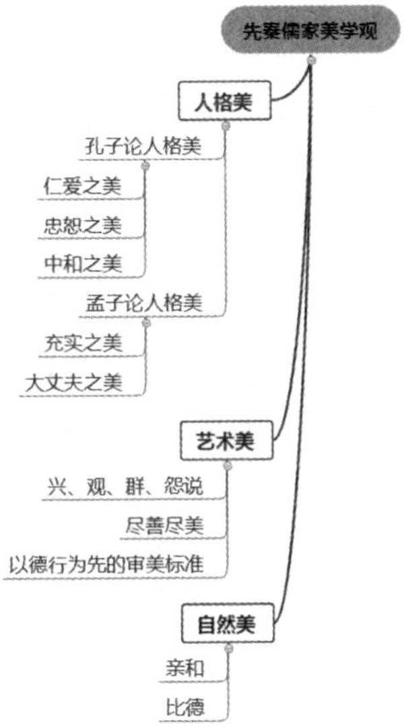

图3–1　先秦儒家美学观

（资料来源：《论语》《和合之美：先秦儒家理想人格的美学研究》《中国美育思想通史：先秦卷》等书籍）

（一）人格美

先秦儒家哲学思想具有较强的伦理色彩，先秦儒家的创始人孔子及孟子，从“仁”的思想出发，努力塑造出一种完善的人格，对人的内在精神之美进行了大量阐释。

先秦儒家美学思想的基础是“仁学”。“仁”既是先秦儒家思想先驱孔子和孟子哲学思想的核心，也是先秦儒家美学思想的核心和基础。先秦儒家代表性著作《论语》《孟子》对“仁”“仁政”进行了大量解读。

1. 孔子论人格美

（1）仁爱之美。孔子认为，仁是人的本质，也是美的本质。《论语·八佾》中指出：“人而不仁，如礼何？人而不仁，如乐何？”[①]“礼”“乐”的内在精神均为“仁”，“礼”“乐”之美即在于其表现出的人性美。

《论语·里仁》指出：“唯仁者能好人，能恶人。”[②]人一旦具有了“仁”的本质，就有了内在的审美尺度，能够辨别和判断现实社会生活中的美与丑。美的核心是人性美，其根本则为仁爱之美。先秦儒家仁爱之美相关美学思想提出后，对中华民族伦理美学的发展产生了极其深远的影响。

先秦儒家的仁爱之美建立在现实社会中的血缘亲情的人性基础之上。一方面，人类的血缘亲情集中体现在家庭之中。血缘亲情主要表现在垂直的人际关系中，即父母与子女的关系，以及平列的人际关系，如兄弟姐妹关系中。父母之恩与兄弟姐妹之义要求人以孝悌为本。另一方面，人类的血缘亲情以家庭为基础逐渐扩展至整个家族、社会、国家，整个社会成为一个大家庭。如同《孟子·梁惠王上》中指出的“老吾老以及人之老，幼吾幼以及人之幼”[③]。先秦儒家根据人的血缘亲情及其推扩理论，总结出一系列人伦道德原则，即“孝”“悌”“忠”“信”，以此达到仁爱的目的。由此可见，仁爱之美，是孔子人格美的重要观点。

（2）忠恕之美。仁爱之美为人格美确立了本体论的基础，孔子在此基础上提出了实现和践行仁的方法论原则，即“忠”“恕”之道。忠恕之道的核心

① 孔子．论语[M]. 杨伯峻，杨逢彬，注译．长沙：岳麓书社，2018：32.

② 孔子．论语[M]. 杨伯峻，杨逢彬，注译．长沙：岳麓书社，2018：45.

③ 赵清文译注．孟子[M]. 北京：华夏出版社，2017：16.

即要求人的心中保存仁爱之情，并且能够以他心为己心，处理人与人之间的关系。《论语·颜渊》中的“己所不欲，勿施于人”，及《论语·雍也》中的“己欲立而立人，己欲达而达人”，即体现出了孔子倡导的忠恕之美。

（3）中和之美。孔子人格美的本体为仁爱之美，方法为忠恕之美，外在形态则为中和之美。“中和”思想对中国传统美学思想产生了深远的影响。早在春秋之前，“中和”思想就已经萌芽。《尚书·虞书·舜典》中的“刚而无虐”“简而无傲”① 已经初步体现出中和思想。孔子继承和发展《尚书》中的中和思想，形成了一套包含着儒家审美标准和审美情趣的基本原则。

《论语·八佾》指出：“《关雎》，乐而不淫，哀而不伤。”② 这一评论即反映了中和的思想。孔子在对《诗经》进行评价和删减时也体现出了中和之美的原则。《论语·尧曰》中指出：“君子惠而不费，劳而不怨，欲而不贪，泰而不骄，威而不猛。”③ 此表现出了中和之美的美学原则。孔子中和之美原则包括情理中和、礼乐中和、文质中和、美善中和等方面。

孔子在论述人格美的同时，还提出了人格美的实现途径，即好学、内省、力行，这一理论从现实出发，具有较强的可落地性，对历朝历代，甚至今天的精神文明建设仍然有一定的借鉴意义。

2. 孟子论人格美

继孔子之后，孟子从性善论的视角出发对人格美进行了论述。

（1）充实之美。《孟子·尽心下》中明确提出：“充实之谓美。”④ 孟子主张人性的美与善存在于人的心性之中，无须向外寻求。孟子所谓的“充实”的本质是善德的充盈。孟子倡导的充实之美，首重充之以气。孟子所谓的“气”指“浩然之气”“至大至刚，以直养而无害，则塞于天地之间。其为气也，配

① 郭仁成．尚书今古文全璧［M］．长沙：岳麓书社，2006：1-6.

② 孔子．论语［M］．杨伯峻，杨逢彬，注译．长沙：岳麓书社，2018：38.

③ 孔子．论语［M］．杨伯峻，杨逢彬，注译．长沙：岳麓书社，2018：250.

④ 赵清文译注．孟子［M］．北京：华夏出版社，2017：338.

义与道，无是，馁也。是集义所生者，非义袭而取之也。行有不慊于心，则馁矣”[①]。以浩然之气充实的生命和人格，是善和美的。

孟子倡导的充实之美，除了充之以气之外，又须实之以志，即“志气”。志是心之所向，体现心的主宰作用。人如果缺乏志气则不能浩然立于天地之间。孟子主张以心性修养为本，充之以气，实之以志，才能成为心灵的善与人格的美相统一的仁人志士和大丈夫。

（2）大丈夫之美。《孟子·滕文公下》中有：“居天下之广居，立天下之正位，行天下之大道。得志，与民由之；不得志，独行其道。富贵不能淫，贫贱不能移，威武不能屈，此之谓大丈夫。”[②] 此句阐释了孟子心目中的“大丈夫”。从这一论述中可以看出，孟子所谓的大丈夫，具有居仁由义，刚直不屈，乐天知命的特征，且富贵不能淫，贫贱不能移，威武不能屈。

孟子除了对人格美进行论述之外，还提出了人格美的实现途径，即扩充、存养、砥砺。

其中，扩充包含两个层面，即如何处理人与自我的关系，以及如何处理人与社会的关系。这两个层面，分别从个体自我生命的内部和自我生命的外部加以扩充。

存养涉及人性修养的两个维度，即横向维度和纵向维度。横向维度表现为四端之心在人伦关系中的扩充；纵向维度则表现为四端之心在个体生命过程中的存养。存心、养心的方法有两条，其一为反身而诚，即自我反省；其二为寡欲，即对身体活动进行约束。

砥砺，即磨炼主体的心志，使之能够接受任何环境的考验，从而完善自己的人性。砥砺有一个从苦其心志到动心，再到不动心的过程。无论遇到任何艰难险阻，只要坚持自己的原则，就能够百折不挠，勇往直前。

---

① 张居正．张居正直解《孟子》：上[M]．北京：中国言实出版社，2017：74.

② 赵清文译注．孟子[M]．北京：华夏出版社，2017：125.

除了孔子与孟子之外，先秦时期的荀子也对人格美提出了见解，其人格美思想的影响力远不及孔孟的人格美思想的影响力。先秦儒家的人格美论对后世的人格美思想产生了极其重要的影响。

（二）艺术美

先秦儒家的哲学基础与政治主张使儒家艺术美思想中有了较强的功利态度。

1.兴、观、群、怨说

先秦儒家美学强调艺术的社会功用。孔子提出了著名的“兴”“观”“群”“怨”说。《论语·阳货》：“小子何莫学夫诗？诗，可以兴，可以观，可以群，可以怨。迩之事父，远之事君．多识于鸟兽草木之名。”①

兴，指诗歌对欣赏者的精神感发作用；观，则侧重文艺对社会生活的认识；群，指人们借助文艺进行情感交流，相互理解；怨，则指人们可以借助诗等文艺作品将内心深处郁结的怨愤宣泄出来，使内心复归平静。兴、观、群、怨说强调了艺术特有的功能和作用，凸显了诗乐对人的教化作用。

2.尽善尽美

先秦儒家重视文艺的作用，倡导诗教和乐教，从功利主义的视角出发，将文艺的审美价值、功利观念和伦理观念联系在一起，其中蕴含着大量关于真善美的论断。

所谓“真”，指文艺的真实性。先秦儒家美学中的真包含两方面的含义：一方面指文艺作品真实地反映现实生活；另一方面指作品要抒写真情实感。

所谓“善”，在先秦儒家文献中，与“恶”相对。孟子与荀子对人性本善以及人性本恶进行了论述，善与恶，美与丑，好与坏均为对立的两方面。先秦儒家美学思想中的善，指符合儒家道德规范的思想，遵循儒家礼法制度的

---

① 孔子．论语[M]．杨伯峻，杨逢彬，注译．长沙：岳麓书社，2018：218.

言行。

所谓“美”，在先秦儒家言论中与丑相对立，与善、好的概念相关，但不完全等同。

综上所述，先秦儒家的美学观以功利为目的，具有真善美统一，即尽善尽美的特征。先秦儒家的“真”“善”“美”的统一，并非指真善美三者处于同等地位。先秦儒家的善既是核心，又是目的，真和美则是善的准绳。善即是真和美，然而真和美不一定是善。先秦儒家真善美统一而以善为主的审美观，既有其积极的一面，也有消极的一面，曾对先秦美学以及中国古代美学产生了积极影响。后世我国许多卓有成效的文艺理论家均从先秦儒家真善美统一的美学观中汲取营养。

3. 以德行为先的审美标准

先秦儒家真善美统一的要求反映到人格修养方面，即要求文质彬彬，然后君子，形成了以德行为先的审美标准。

先秦儒家对文和质的论述，是先秦儒家美学理念中的重要概念。《论语·雍也》:“质胜文则野，文胜质则史。文质彬彬，然后君子。”[①] 美善的统一以道德为本，文质的统一以德行为主。

（三）自然美

先秦儒家美学中的自然美主要体现在亲和、比德两个方面。

1. 亲和

先秦儒家思想认为人与自然有着类似血缘亲族的关系。自然孕育了人类，人类与自然之间存在较强的依赖关系。孟子指出禾苗草木、云雨虹露、星辰四时均为自然现象，其生息变化具有较强的规律性。荀子在孟子的观点之上，进一步肯定了动态和谐的自然观。先秦儒家的思想家强调顺天守时，遵循自然规

---

① 孔子．论语 [M]. 杨伯峻，杨逢彬，注译．长沙：岳麓书社，2018：78.

律，保护各种生命成长，保护自然资源。先秦儒家思想中这种尊重自然、亲和自然的情感，是中国传统美学思想的重要组成部分，对后世美学思想产生了较大影响。

2. 比德

比德即用自然山水的伦理特性来比拟人们的美好德性，将自然景物与人们的社会生活联系起来，将山水视为人性的表现和象征，看作人格的某种精神拟态。

先秦儒家比德说的源头为孔子。《论语·雍也》中指出“知者乐水，仁者乐山；知者动，仁者静；知者乐，仁者寿”①，在这段话中，孔子将自然山水的品性与知者、仁者联系在一起，将自然山水纳入人的观念系统、社会系统以及伦理系统进行体认。先秦儒家的比德思想对后世产生了极其深远的影响。

综上所述，先秦儒家的美学思想主要体现在人格美、艺术美、自然美三个方面。先秦儒家美学思想对中国传统美学思想产生了深远的影响，在中国美学史上具有崇高地位，留下了深刻的印记。

第二节　先秦儒家哲学思想对中国古代陶瓷功能的影响

古代陶瓷的功能主要可划分为实用功能、陈设功能、礼器功能。先秦儒家哲学思想及其美学思想对中国古代陶瓷的功能产生了较大影响，本节详细阐释了先秦儒家哲学思想对古代陶瓷礼器的影响。

一、中国古代陶瓷礼器的发展及特点

“礼”是中国传统哲学思想中较早出现的范畴，是中国早期哲学的重要构

① 孔子. 论语 [M]. 杨伯峻，杨逢彬，注译. 长沙：岳麓书社，2018：79.

成部分。

这里的“礼”，主要指祭祀典礼。不同祭祀典礼活动，有各自不同的祭祀目的、主持身份、规模程度。从这些角度，祭祀典礼可分为国家祭祀和民间祭祀两大类别。国家祭祀典礼，一般是由国家君王或统治阶层所主持的一切祭祀活动，因而祭祀的目的是使国家团结一致，让皇帝在特殊神圣的场所代表国家祭告神灵，也反映了整个国家赖以运作的等级制度。

礼起源于人类社会发展的初级阶段。原始社会时期，原始先民在祭祀仪式上通过歌舞表演，祈求神灵保佑和赐福，成为我国传统礼乐文化的肇始。周代，建立了严格的宗法制度和礼乐制度，以礼乐治国，奠定了礼在治国方面的重要性。

先秦时期，由于诸侯竞相争霸，社会处于“礼崩乐坏”的时代，孔子和孟子为代表的儒家先哲推崇周礼，将礼当作了节制人之性情和外部行为的重要工具。先秦儒家对礼极其重视，并倡导以“礼乐”治国。《论语·卫灵公》中记载：“颜渊问为邦。子曰：‘行夏之时，乘殷之辂，服周之冕，乐则《韶》舞。’”[①] 其中即暗含着孔子对礼器的重要性的认识。

孔子、孟子均曾提出关于器物设计的思想。《论语·学而》中指出：“礼之用，和为贵，先王之道，斯为美。”一切器物的设计均应当具有“礼”相一致的“和”美。

孟子强调了器物制作过程中的“规矩”。《孟子·离娄上》中指出：“离娄之明，公输子之巧，不以规矩，不能成方圆。”[②]《孟子·尽心下》：“梓匠轮舆，能与人规矩，不能使人巧。”[③] 均强调了“规矩”的重要作用。

荀子，继孔子和孟子之后，从“节用裕民”的思想出发，指出器物的制

① 孔子．论语 [M]. 杨伯峻，杨逢彬，注译．长沙：岳麓书社，2018：196.

② 赵清文译注．孟子 [M]. 北京：华夏出版社，2017：145.

③ 赵清文译注．孟子 [M]. 北京：华夏出版社，2017：326.

作：“故为之雕琢、刻镂、黼黻文章，使足以辨贵贱而已，不求其观：为之钟鼓、管磬、琴瑟、竽笙，使足以辨吉凶，合欢、定和而已，不求其余；为之宫室、台榭，使足以避燥湿、养德、辨轻重而已，不求其外。”[①]强调器物的审美功能依附于其实用性和目的性需求。

受先秦儒家哲学思想的影响，中国古代陶瓷器中除了日用陶瓷和陈设陶瓷之外，还存在大量的礼器。这里的礼器，指祭祀用器具，是中国古代传统礼文化的代表器物。

中国传统礼器虽然诞生于夏商周时期，然而春秋战国时期，周礼崩坏，孔子、孟子将礼乐思想纳入其哲学思想中，强调了礼以成圣、礼以安伦和礼以治世的理想目标，倡导隆礼崇法，藏礼于器。

中国古代的礼器兼具物质功能和精神功能，物质功能，即满足礼乐、祭祀、朝聘、宴享、战戈等仪式中“物以致用”的功能；精神功能主要为神权、王权、等级的象征功能。

中国古代传统礼器种类繁多，夏商周时期，礼器以青铜器为主。这一礼品材质对后世礼器材质产生了较大影响。汉代，受儒家“礼乐征伐自天子出”思想的影响，礼成为统治阶级立尊卑、明贵贱、序长幼、分上下、别男女，确立世间人伦秩序的重要手段，是统治阶级进行礼乐教化不可或缺的精神工具。

唐代之前的礼器，大多为青铜材质或玉质，鲜少存在陶瓷材质的礼器。直到唐代才出现了陶瓷器礼器的记载。宋代，中国古代陶瓷技艺臻于成熟，与此同时，随着金石学研究的流行泛滥，商周时期青铜器技术的神秘面纱得以揭开，形成了对商周文化的崇拜，出现了大量仿制青铜器造型和装饰的陶瓷器，其中即包括大量祭祀用礼器。南宋专门设置礼器局，明确郊坛用陶制祭器。明代陶瓷礼器中出现了大量仿铜鼎、仿玉琮等陶瓷器具，

---

① 荀况．荀子[M]．杨倞，注．上海：上海古籍出版社，2014：110.

造型凝重古拙、技艺精湛，釉色醇厚、素雅，开创了中国陶瓷礼器的辉煌篇章。

明代，受儒家礼制思想的影响，更加重视陶瓷礼器的制作。明代陶瓷礼器的用色、数量、形制、纹饰等均有着具体而详细的规定。明代陶瓷礼器的地位上升到新的阶段。陶瓷礼器不仅数量多，造型丰富，纹饰多样，釉色以青花为主，还出现了大量龙泉釉、德化白釉、五彩、斗彩、三彩、孔雀绿、珐花、白釉黑彩等釉彩，风格则呈现出古，朴、古韵特色。

清代，陶瓷礼器受到封建统治者的较高重视，贯穿于清代始末。与宋、明时期不同，清代陶瓷礼器的形象发生了较大变化，在遵循古制的同时，从古制器型朝着日用器皿造型转变。

古代陶瓷礼器流变如表 3–1 所示：

表3–1 古代陶瓷礼器流变一览表

朝代	形制	风格	文献记载	代表器型
唐	簋、豆、尊	古朴风格	朱琰《陶说》记载，唐代郊祀宗庙用了瓷尊祭祀	——
宋	簠、簋、樽、豆	造型凝重古拙，釉色醇厚、素雅，莹润无比	南宋设礼器局，明确郊坛使用陶瓷祭器	汝窑奁式炉、出戟尊 钧窑鼎式香炉 越窑青绿釉带耳鼎式炉、青釉刻花瓷钟、觚 龙泉窑觚式瓶、尊式瓶、觯式瓶、鬲式炉、簋式炉、琮式瓶

续　表

朝代	形制	风格	文献记载	代表器型
明	鼎、笾、豆、盘、尊、觚、瓶、爵、簋、鬲	崇古制古礼，造型与古青铜礼器相同或相似，纹饰以仿商周纹饰为主，釉色以青花为主，兼具其他釉色，同时出现了大量瓷盘和瓷碗等日用器皿造型的礼器	明代初期祭器皆用瓷，登，铏以瓷碗代；簠、簋、笾、豆以瓷盘代	青瓷爵杯、青花折枝四季花卉纹折沿盘、青釉刻花缠枝花卉纹碗、青釉菱花口大盘、釉里红岁寒三友纹罐、青釉模印花如意云纹爵
清	簠、簋、笾、豆、登、铏、爵、盏、尊	遵循古制的同时，陶瓷礼器造型从古制器型朝着日用器皿转变	国家祭器： 清代初期，用为祭器的瓷黄、簋、籩、豆、登、铏仅只是瓷盘与瓷碗，及至乾隆十年间进行礼制改革后，瓷质的黄、簋、豆、登、铏五种祭器和瓷爵一样都被烧造成古彝器的形制 内廷祭器： 以大黄碗、酒尊为代表的日用器为祭器	仿古铜彩牺耳尊、仿铜器金彩牺耳尊、茶叶末釉牺耳尊

资料来源:《中国陶瓷史》《宋代陶瓷礼器的起源与发展》《中国陶瓷设计史》《古代陶瓷礼器造物观对现代陶瓷礼品设计的启示》《论中国古代陶瓷所体现的造物艺术思想》《传统陶瓷碗结构与功能设计研究》等。

从表 3–1 可以看出，唐、宋、明、清均以陶瓷礼器取代了青铜礼器，同时受先秦儒家哲学思想影响，历朝历代的封建统治者均十分重视礼器的制作。

明清时期，伴随着陶瓷技术的发展，陶瓷礼器的形制和数量日益增长，逐渐成为国家礼器的代表。

例如，明太祖朱元璋在天下初定时即曾告谕礼部：“礼者，国之防范，人道之纪纲。朝廷所当先务，不可一日无也。”[①] 明太祖的这一思想即受到先秦儒家礼乐思想的影响。

纵观中国陶瓷礼器的演变历程，陶瓷礼器的造型经历了从简到繁，再到简的过程。这与陶瓷礼器对上古时期礼器的模仿，以及陶瓷礼品的创新有关。

二、先秦儒家哲学思想对古代陶瓷礼器的影响

陶瓷礼器的兴起和发展固然与中国夏商周时期祭祀之礼之间存在着极其紧密的关系，然而春秋战国时期礼崩乐坏，自春秋战国，尤其是汉代“罢黜百家，独尊儒术”后，先秦儒家哲学思想中礼乐文化思想的核心即成了儒家宗法伦理思想，同时逐渐形成了君臣、上下、长幼、贵贱明确的等级制度，以此维护以父权、夫权为中心的家庭秩序和以君权为中心的社会秩序。

这种封建礼法统治往往需要借助一定的物质形式和礼仪形式体现出来，而古代礼器即成为传统封建礼法统治的重要物质载体之一，从这一视角来看，先秦儒家哲学思想对中国古代陶瓷礼器的制作与发展产生了潜移默化的影响。

先秦儒家将仁义礼智当作思想核心，认为祭礼是古代所有礼中最为重要的礼节。《礼记·祭统》中指出：“凡治人之道，莫急于礼。礼有五经，莫重于祭。”[②] 先秦儒家将祭礼作为情感的表达，以及教化的重要方式。无论是国家祭祀还是平民百姓的家庭祭祀均应严格遵守秩序等级，遵循“礼”的标准。

先秦儒家倡导的祭祀之礼有严格的标准。例如，先秦时期的昭穆制度主要体现在宗庙制度方面，即天子七庙，诸侯五庙，大夫三庙，具有严格的等级秩序。不同等级的祭礼中使用的陶瓷造型、数量、釉色等均不相同。

以国家祭礼为例。

国家祭礼又称“吉礼”，根据祭祀内容不同，可划分为不同等级。

---

① 宋濂．洪武圣政记 [M]. 北京：中华书局，1991：8.

② 戴圣．礼记精华 [M]. 傅春晓，译注．沈阳：辽宁人民出版社，2018：248.

清代是我国古代封建社会制度的最后一个王朝，清代对国家祭礼十分重视。清代初期的国家祭礼分为三个级别，即大、中、小祭祀典礼。其中大祀的内容包括祭天、祭地、祭雨、祭祀社稷、祭祀太庙等；中祀包括朝日坛、夕月坛、先农坛、先蚕坛、太岁坛、历代帝王庙、先师庙等的祭祀；小祀包括贤良、昭忠等祠祭祀，其涵盖内容比较广泛杂乱。清代中后期，将常雩改为大祀规模，先蚕改为中祀，将关圣、文昌祭祀改为中祀，光绪年间又将祭祀孔庙先师改为大祀。

一般而言，国家祭祀典礼对祭祀场所、祭品、祭器和祭服有着严格要求，不同规模的国家祭祀典礼，相应地祭祀器皿、色彩、数量等也不尽相同。

清代乾隆年间祭器瓷器造型与祭坛的关系如表 3–2 所示：

表3–2　清代乾隆年间祭器瓷器造型与祭坛的关系

祭坛	祭器造型及数量	釉色
天坛（正位）	登 1、簠 2、簋 2、豆 12、尊 1	蓝
天坛（配位、从位）	登 1、簠 2、簋 2、豆（12 或 10）、铏 2、爵 3、尊 1、盏（20 或 30）	蓝
地坛（正位）	登 1、簠 2、簋 2、豆（12 或 10）、铏 2、爵 3、尊 1、盏（20 或 30）	黄
地坛（配位、从位）	登 1、簠 2、簋 2、豆（10 或 12）、铏 2、爵 3、尊 1、盏 30	黄
朝日坛	登 1、簠 2、簋 2、豆（10 或 12）、铏 2、爵 3、尊 1、盏 30	红
夕月坛	登 1、簠 2、簋 2、豆（10 或 12）、铏 2、爵 3、尊 1、盏 30	月白
祈谷坛（正位）	登 1、簠 2、簋 2、豆 12、尊 1	蓝
祈谷坛（配位）	登 1、簠 2、簋 2、豆 12、尊 1	蓝
社稷坛（正位）	登 1、簠 2、簋 2、豆 12、铏 2、爵 2、尊 1	黄

续　表

祭坛	祭器造型及数量	釉色
社稷坛（配位）	登 1、簠 2、簋 2、豆 12、铏 2、爵 3、尊 1	黄
先农坛	登 1、簠 2、簋 2、豆 10、铏 2、爵 3、尊 1、盏 30	黄
先蚕坛	登 1、簠 2、簋 2、豆 10、铏 2、爵 3、尊 1、盏 30	黄
天神地祇坛	豆 3、爵 12、尊 1	白
太岁坛（正位）	登 1、簠 2、簋 2、豆 10、铏 2、尊 1、盏 30	白
太岁坛（配位）	登 1、簠 2、簋 2、豆 10、铏 2、尊 1、盏 30	白
太庙（正殿）	登 1	黄
太庙（庑殿）	爵 3、尊 3	白

资料来源：清乾隆《皇朝礼器图式》。

从上表可以看出，清代陶瓷祭祀礼器根据祭祀规模、祭祀等级以及祭祀对象不同，造型、数量、釉色也不尽相同，反映了先秦儒家祭祀之礼等级化的特点。

例如，清代的祭天礼一般在天坛举行，同时一般只有天子具备行使祭天之礼的权力，天子作为天下所有人的代表对上天的祭祀，表明了对作为“生之本”的天的敬畏和感恩。

清代陶瓷祭祀代表礼器及其功能如下表 3–3 所示：

表3–3　清代陶瓷祭祀代表礼器及其功能

祭祀器皿	功能
登	祭祀时盛放肉汁的器皿
簠	古人盛放黍、稷、稻、粱的方形器皿，故称“祭祀盛粱器具”

续　表

祭祀器皿	功能
簠	古代盛放煮熟饭食的器皿
豆	古代盛肉或其他食品的器皿，形状像高脚盘
鉶	古代盛羹的鼎
爵	古代用以盛酒的器皿
尊	古代一种大中型盛酒器
盏	小杯子

资料来源：清乾隆《皇朝礼器图式》。

清代的陶瓷礼器大多依照古代青铜器造型制作，且深受先秦儒家哲学思想的影响。不同造型的陶瓷礼器的功能不同，在祭祀时的作用不同。

以尊为例。

清代祭礼所使用的尊源于周礼，一般为双牲耳尊。《诗经》中即有："牺尊将将。"其中的"牺"的本义是纯色的一种祭祀牲畜，包括猪、牛、羊。先秦时期青铜器中的"尊"主要有两种形制，一种为圈足、圆腹或方腹、长颈敞口、口较大；另一种则是各种鸟兽状的盛酒器。

明代出现了双牲耳尊，并用于祭祀礼器。清代乾隆年间进行了礼制改革，重新将霁蓝釉牲耳尊用于天神祭祀，而且根据不同的祭祀场合以及祭祀方位，使用蓝（天坛）、黄（地坛）、红（日坛）、白（月坛）不同釉色的牲耳尊，由此形成了一组完整的同类器形的瓷质祭祀礼器。不同釉色陶瓷牲耳尊的耳部造型不完全相同，一般为猪牛羊造型。

综上所述，先秦儒家思想对"礼"的强调，以及对祭礼的重视，使得历朝历代君主和百姓均十分注重祭祀之礼，同时伴随着陶瓷烧制工艺的发展与提高，出现了大量仿青铜器造型的陶瓷礼器，以及创新造型的礼器。例如，陶瓷双牲耳尊等，这些陶瓷礼器的造型与使用中所蕴含的礼仪内涵，均受到先秦儒家礼制思想的影响。

第三节　先秦儒家哲学思想对中国古代陶瓷造型的影响

先秦儒家哲学思想对中国传统造物理念产生了深远影响，本节主要对先秦儒家思想对中国古代陶瓷造型的影响进行详细分析。

一、先秦儒家“尽善尽美”思想对中国宋代斟酒器造型的影响

酒文化是中国传统文化的重要组成部分，中国酒文化源远流长，酒具作为酒的盛装器皿，具有源远流长的历史。

（一）中国传统酒具发展与流变

中国传统酒具的诞生可追溯至原始社会时期。原始社会时期，我国酒具、饮器和食器尚未完全区分。新石器时期，在河姆渡文化遗址、龙山文化遗址、大汶口文化遗址中已出现了大量陶制的壶、樽、碗、杯等器具。商周时期，出现了专门从事酒具制作的匠人。由此可见，商周时期，酒具已从饮食器中独立出来。

商代，出现了青铜爵杯等青铜酒具，这一时期的青铜酒器被广泛用于祭祀活动。除了青铜材质的酒具之外，商代还出现了尊、杯、盏等原始瓷酒具。

春秋战国时期，酒具的功能更加多样，材质也更加丰富。除了青铜酒具之外，还出现了漆制酒具、骨制酒具、象牙制酒具等。这一时期的酒具装饰工艺和造型较之前代有了前所未有的创新。

秦汉时期，酒具材质进一步发展，多种材质的酒具并存，其中以铜制酒

具、陶瓷制酒具、玉石制酒具，以及漆制酒具为主。

三国两晋南北朝时期，我国陶瓷烧制技术获得了较大发展，陶瓷酒具数量增多，装饰技艺突出。这一时期，出现了陶瓷材质的鸡首壶、羊首壶等动物雕塑类酒具，以及大量青瓷杯、盏和冰鉴等陶瓷酒具类型。除了陶瓷材质的酒具之外，还出现了玻璃材质、螺壳材质的酒具。

隋唐，陶瓷酒具获得了较大发展，出现了双身龙耳白釉瓶、双耳瓶、盘口瓶等多种制作精美的陶瓷酒具。

宋代，制瓷业高度发展的同时，酿酒业更加繁荣，酒文化发展至高峰，社会对酒具的需求量增加，出现了梅瓶、贯耳瓶、蒜头瓶、葫芦瓶、玉壶春瓶等大量造型精美，类型多样，功能多样的陶瓷酒具。

元代，酒具在宋代的基础上继续发展，并产生了大量具有少数民族特色的酒壶和酒罐。

明清时期，中国陶瓷制造业进入新的阶段，酿酒业也更加繁荣，各种材质的酒具更加丰富，且慢慢呈现陶瓷酒具为主，兼具金银酒器和玉酒器的特点。此外，明清时期受海外文化的影响，出现了众多造型新奇的酒具。

中国传统酒具根据功能不同大体可划分为储酒器、盛酒器、斟酒器、饮酒器等类型（表 3-4）。

表3-4　中国历代酒具造型一览表

朝代	酒的类型	储酒器	盛酒器	斟酒器	饮酒器
唐代	发酵酒、葡萄酒	以双系罐、酒瓮为主	樽、杓、陶瓷执壶	执壶	酒碗、酒杯、
宋代	黄酒、发酵酒、葡萄酒、果酒	缸、坛、瓶，梅瓶即为储酒器	玉壶春瓶、葫芦瓶等	注碗、注子、执壶	圆口杯、花口杯、带把杯、高足杯

续 表

朝代	酒的类型	储酒器	盛酒器	斟酒器	饮酒器
元代	屠苏酒、蒲酒、茱萸酒、马奶酒、葡萄酒、奶酒、阿剌吉酒、龙骨酒、枸杞酒、地黄酒、松节酒、茯苓酒、松根酒、羊羔酒、五加皮酒、腽肭脐酒、小黄米酒	瓮、梅瓶	樽、玉壶春瓶、梅瓶、扁瓶	执壶、长颈瓶、胡瓶	劝盘小杯、高足杯
明代	蒸馏酒、果酒、花草酒、动物酒等发酵酒	酒缸、酒瓮、酒罐	执壶、樽、杓、扁瓶、梅瓶、葫芦瓶、玉壶春瓶、天球瓶、兽耳瓶	梅瓶、玉壶春瓶、扁壶、抱月壶、执壶、僧帽壶、扁壶、把壶、镂空壶、提梁壶	碗（高足碗、鸡心碗）、杯（小杯、高足杯、鸡缸杯、压手杯、马蹄杯、四方杯、爵杯）、劝盏、劝盘、台盏
清代	沧州酒、莲花白、惠泉酒、瓷头春、水白酒、玫瑰露、茅台酒、泸州老窖、洋河大曲、双沟大曲酒、竹叶青、啤酒、山楂露酒等蒸馏白酒、啤酒、果酒等	缸、瓮、罐、坛、梅瓶	执壶、玉壶春瓶、	梅瓶、执壶、	高脚杯、压手杯和小盅、碗

资料来源：《中国古代陶瓷》《中国陶瓷设计史》《宋代陶瓷酒具的功能与审美研究》《陶瓷酒具的历史演变研究》《唐明之间中国瓷质酒具造型演变的规律》等。

从上表可以看出，中国传统酒具种类丰富，蔚为大观。不同历史朝代的酒具，受家具、酿酒技术以及时代审美的影响，造型及特点也不尽相同。本书在这里主要对宋代的酒具造型进行详细分析。

（二）宋代斟酒具造型特点及影响因素

宋代，市民经济崛起，酿酒业发达。朝廷设置了专门的酒务，对酿酒和酒的销售进行管理。宋代酿酒工艺较前代更加成熟，酒类生产达到了更高层面，所以酒的品质较高，且完成了从米酒向黄酒的过渡。根据宋代张能臣的《酒名记》记载，北宋时的名酒多达237种。宋代酿酒业的丰富，推动了宋代酒具的发展与提高。

宋代酿酒业发展的同时，陶瓷烧制技艺也取得了前所未有的进步，出现了大量功能丰富，造型独特的酒具，其中尤属宋代陶瓷斟酒器的造型最具特色。

斟酒器是酒具的一种类型，宋代陶瓷斟酒器造型多样，其中既有继承前代造型的斟酒器，如凤首壶、提梁壶、短流曲柄执壶等，也出现了众多新创造型斟酒器，如倒流壶、瓜棱形执壶、葫芦形执壶等（表3–5）。

表3–5宋代部分窑口斟酒器造型一览表

窑口	斟酒器造型	特点
定窑	执壶、提梁壶、葫芦形陶瓷斟酒器	短颈、小直口、平折肩、肩两侧流和把手相对，弧形扁柄与颈相连，流较短微曲，圆鼓腹、下收成小圈足，圈足多不施釉，露胎
耀州窑	执壶、倒流壶、葫芦形陶瓷斟酒器	倒流壶的壶盖与壶身一体，壶盖不能开启仅为装饰，灌酒时将壶体倒置，从底部的梅花孔中将酒注入，在壶内设漏注将酒隔开，注酒后将壶体放正，滴酒不漏
景德镇窑	瓜棱形执壶、影青注子、注碗、葫芦形陶瓷斟酒器	注子和注碗组合成一套酒具，外部的注碗多为瓜棱形，用于盛放热水温酒，内部的注子又叫执壶用来盛酒斟酒

资料来源：《中国古代陶瓷盛酒器的造型特点研究》《从功能的角度解析宋代瓷质执壶造型设计》《宋代陶瓷斟酒器造型设计研究》等。

宋代陶瓷斟酒器造型总体上呈现出婀娜秀丽、清新雅致、恬淡脱俗、易于抓握的特点。以陶瓷执壶为例。陶瓷执壶在唐代已经盛行，在宋代依然是主要的斟酒器造型。与唐代执壶相比，宋代陶瓷执壶的容量较小，且壶腹、壶口、壶流、壶把、壶盖等造型有了改进。

唐代陶瓷执壶造型浑圆饱满，壶腹以圆形、扁圆形为主，壶嘴大而短，流呈六角或八角形，且大多数执壶都不带盖。与唐代陶瓷执壶的造型相比，宋代陶瓷执壶的造型更加多样，可划分为圆腹式、扁腹式、葫芦式等。唐代陶瓷执壶的壶口较大，多呈喇叭状；宋代陶瓷执壶的壶口较之唐代更小，甚至一些执壶的口部设计为盖合紧密的子母口。

唐代陶瓷执壶的壶流短且直，多位于壶体上部或肩部，在倒酒时，往往需要较大的倾斜角度才利于液体顺畅流出。宋代陶瓷执壶的壶流则弯且长，细而曲，流口外撇，斜圆形，下半部与壶肩垂直，在倾倒时，便于液体准确、方便地注入饮酒器中。

唐代陶瓷执壶的壶把多置于肩部，把手位于壶体肩部的斜上方，把手内空间上大下小。宋代执壶的把手以长曲形为主，位于壶颈部与腹部的过渡转折处。

唐代陶瓷执壶通常口部较大，且不设壶盖。宋代陶瓷执壶的壶口较小，且设有壶盖。

从总体造型上来看，宋代陶瓷执壶的造型趋于秀丽端庄，造型更加雅致，而且陶瓷执壶与注碗的结合，使得宋代陶瓷酒具集温酒、斟酒功能于一体，更加美观实用。

宋代陶瓷执壶造型的变化，与宋代的生活习俗以及酿酒技术的进步有着直接关系。宋代的社会生活方式与唐代相比发生了较大变化。从“席地而坐”转变为“垂足而坐”。陶瓷执壶作为日用斟酒器，为人们的生活需要服务。随着宋代生活起居方式的改变，宋代陶瓷执壶的造型因摆放和使用的需要而产生了造型变化。

宋代所酿造的酒多为酒精度数较低的发酵酒，发酵酒中存在许多细菌，直接饮用不利于身体健康，且宋代所酿的酒多为黄酒。在饮酒前，在注碗中加热水，将盛有酒液的注子置于注碗中即可实现加热、保温的功能，加热后的酒液通常酒香更加芬芳浓郁，酒味更加甘爽醇厚，且这样能够起到杀菌的作用。注碗与注子的搭配使用起源于五代，北宋时仍然普及。南宋随着酿酒技术的进步，逐渐出现了其他酒类，人们饮酒方式发生改变，酒具也随之发生改变，注子与注碗组合的酒具逐渐减少，至元代已较少见到。

（三）先秦儒家美学理念对宋代陶瓷斟酒器造型的影响

宋代陶瓷斟酒器造型受到先秦儒家美学理论的影响较大。先秦儒家美学理念从功利主义的视角出发，将文艺的审美价值、功利观念和伦理观念联系在一起，倡导“尽善尽美”的思想。

宋代酿酒技术提高，生活起居方式发生了较大变化。宋代之前，人们的生活起居方式为“席地而坐”。为了适应这种生活起居方式，隋唐时的桌椅几案均较为低矮，为了适应低矮的几案，陶瓷执壶的体型较为圆润，且口部较大，便于酒水倒出后进行筛酒。宋代“垂足而坐”的生活习俗使得宋代的几案更高，斟酒器便于人们抓握，造型更加修长挺拔、精巧、实用。

宋代陶瓷斟酒器造型与其前后朝代的斟酒器造型均不相同，呈现出较强的功能性与审美的和谐、感性和理智的和谐，以及材质和工艺的和谐。宋代斟酒器造型的改变反映了儒家美学理念中的功利性特点、实用性，以及“文质彬彬”“尽善尽美”理念。

二、先秦儒家“中和”思想对中国传统茶具造型的影响

（一）中国传统茶具变迁

茶具是中国古代日用陶瓷器具的重要组成部分，也是中国传统特色茶文

化的构成要素。中国古代特色茶具出现于魏晋南北朝时期，之后，随着历朝历代饮茶习俗的变迁，陶瓷茶具的造型发生了较大变化（表 3-6）。

表3-6　中国古代陶瓷茶具变迁一览表

朝代	方式	茶器分类	茶具名称
春秋战国	煮茶、烤茶	贮茶器、煮茶器、饮茶器	罐、锅、碗
秦汉	先烤再捣，然后加上葱、姜等作调料煮后饮用	贮茶器、煮茶器、饮茶器、炙茶器、捣末器、浇汤器	罐、锅、碗、瓦盂、炙茶具、捣末具、浇汤具
三国两晋南北朝	煮茶	炊器、煮器、饮器、煮茶器、茶器与酒器、食器混用	瓦罐、匏、煮茶鼎、茶壶、专用茶盏
隋唐	茶须烤炙研碎后再经煎煮而成	茶炉、炙茶器、碾茶器、罗茶器、煮茶器	风炉、炭挝、火夹、筥、夹、纸囊、茶碾、拂末、罗合、鍑、漉水囊、瓢、交床、竹筴、鹾、揭、则、碗、水方、熟盂、涤方、滓方、畚、具列、都篮、巾、札
五代、宋元	点茶	茶贮、茶焙、茶笼、砧椎、茶铃、茶碾、茶臼、茶罗、茶盏、茶匙、汤瓶	烘茶炉、木茶桶、盏茶碾、石磨、茶葫芦、茶罗、棕帚、茶碗、陶杯、茶壶、竹筅、茶巾等十二种
明	废团茶，兴叶茶	泡茶器、饮茶器	茶壶、茶碗、茶杯
清	六大茶系，多种饮茶方式：冲泡、烹茶等	泡茶器、饮茶器、煮茶器	茶壶、茶碗、茶杯

资料来源：《中国陶瓷史》《中国唐宋茶道》《大观茶论》《陶瓷茶具的造型设计与艺术性表现方式探讨》等。

纵观历朝历代的茶具，以陶瓷材质的茶具为主。唐代之前的饮茶器与酒器、食器尚未完全分离。唐代后，出现了专门的茶具。自唐代始到清代末年，陶瓷饮茶器的类型无外乎茶碗、茶杯与茶壶三种类型。无论茶碗、茶杯，还是茶壶均体现出较为明显的“中和”之美。

（二）先秦儒家中和思想在陶瓷茶具造型上的体现

以茶壶为例。

茶壶既可以是泡茶器，也可为煮茶器或饮茶器。不同功能的陶瓷茶壶的造型、结构也不尽相同。自明代废弃团茶，改为叶茶后，人们在饮茶时多使用茶壶冲泡茶叶后，直接饮用，或将泡好的茶汤倒入茶杯中饮用。

受儒家哲学思想的影响，茶壶在设计中极其注重中和之美，体现在茶壶的造型上则表现为茶壶局部对称以及局部与整体均衡。

1.局部对称的造型

局部对称，是陶瓷茶壶的造型特点之一。陶瓷茶壶的局部对称体现在陶瓷茶壶壶嘴与把手的对称方面。

陶瓷茶壶的壶嘴和把手是茶壶两侧相互对称的构件，两者均为陶瓷茶壶不可或缺的重要构件。通常而言，壶嘴和把手在造型方面存在两种形态，即等量不等形，或既不等量也不等形。从功能上来看，壶嘴和壶把分布于陶瓷茶壶两侧，有利于充分发挥茶壶的功能，同时有利于茶壶造型整体线条的对称。

2.局部与整体均衡的造型

陶瓷茶壶局部与整体的均衡主要体现在壶盖、壶钮与壶体的均衡，以及壶嘴、壶把与壶体的均衡两个方面。

其一，壶盖、壶钮与壶体的均衡。

陶瓷壶盖、壶钮与壶体均为茶壶不可或缺的一部分，三者处于同一中轴线上。茶壶的壶体与壶盖、壶钮均属于茶壶的重要构成部分，是实现茶壶使用功能的基础。

壶盖能够将茶壶壶口盖住，使其形成贮存液体和固体物质的密闭空间，从而使壶体内贮存的液体和固体物质不受外界污染。壶钮则位于壶盖之上，与壶盖共同构成一个整体，便于揭拿壶盖。从结构造型上来看，壶盖可划分为简易式、覆扣式、叠插式、镶入式、连接式、凹片式、折边式等造型。壶钮是壶盖的重要构成部分，壶钮造型大体可划分为珠顶式、纽扣式、桥梁式、圈足式、尖顶式、雕削式、象形式。

从茶壶整体上来看，无论茶壶盖、钮造型如何，茶壶整体上呈现出鲜明的均衡性特征。

其二，壶嘴、壶把与壶体的均衡。

陶瓷壶把的造型也具有多样性，除了与壶嘴处于对称的位置，均匀分布于壶体两侧之外，还呈现出提梁造型。壶嘴与提梁的造型在空间上也具有响应性和均衡性的特征。但无论壶把是否为提梁造型，陶瓷壶体与壶嘴、壶把的造型都具有较强的空间均衡性特点。

从总体上来看，陶瓷茶壶壶体与其各个构件之间呈现出强烈的均衡性。陶瓷茶壶壶体造型如果为方形，茶壶各个构件的造型也应体现出方形的要素。陶瓷茶具造型的局部要素之间、局部要素与整体之间的均衡性、稳定性中即蕴含着儒家的“中和”思想。

第四节　先秦儒家哲学思想对中国古代陶瓷装饰的影响

陶瓷装饰包括陶瓷釉色和陶瓷纹样，中国古代陶瓷的装饰手法多样，陶瓷装饰风格、主题均受到先秦儒家哲学思想的重要影响。本节主要就先秦儒家哲学思想对中国古代陶瓷装饰的影响进行详细分析。

一、先秦儒家“仁者爱人”对陶瓷教子图纹样的影响

先秦儒家先哲孔子和孟子均十分注重人格美，并留下了大量对人格美进行阐释的文字。先秦儒家人格美思想的核心是“仁”，倡导“仁者爱人”和“仁爱之美”。先秦儒家的“仁爱之美”建立在中国传统的血缘亲情人性基础之上，强调父母对子女的爱护和教育，子女对父母则要以孝报恩，对兄弟则应友爱和恭敬。

受先秦儒家“仁者爱人”思想的影响，古代陶瓷绘画中出现了大量家庭和睦题材内容。其中，教子图作为反映母子之间亲密关系的绘画受到历朝历代人民的喜爱，同时作为陶瓷纹饰传播“仁者爱人”思想时，还表达了人们对美好生活的强烈祝愿。

（一）古代陶瓷器上的教子图纹样发展流变

中国古代陶瓷器上的教子图纹样与中国古代母子绘画题材之间存在较为紧密的联系。

母子题材绘画主题在我国古代具有极其悠久的历史。早在汉代即已出现了母子形象，这一时期画作中的母子形象略显稚拙。魏晋南北朝时期，我国人物画创作取得了较大进展，出现了顾恺之等杰出的人物画作家。这一时期，我国的人物画逐渐朝着“写形、传神”的方向发展。

唐代，母子题材的绘画主题发展至成熟阶段。伴随着唐代社会政治的昌盛，以及经济、文化的繁荣，唐代绘画达到了前所未有的高峰，涌现出一大批卓越的绘画名家。唐代画家进一步拓展了母子题材绘画领域，且伴随着唐代儿童社会地位的提高，母子题材的绘画获得了较大发展。唐代张萱、周昉所绘的《乳母抱婴图》《乳母将婴图》《美人琴阮图》等均为描绘母子形象的作品。五代的母子题材绘画基本延续了唐代母子题材绘画的主题。

宋代，受商品经济繁荣，市民阶层壮大等影响，出现了大量描绘现实生

活，尤其是体现中下层民众生活的风俗画作品，其中包含大量表现母子现实生活的画面。例如，王居正的《纺车图》、苏汉臣的《蕉阴击球图》《重午戏婴图》等。除此之外，还出现了《村学图》《寒窗课子图》《蚕织图》《货郎图》等。与唐五代时期相比，宋代母子题材绘画在数量和技法上均取得了巨大进步。

明清时期，母子图的创作进入繁荣阶段。无论宫廷绘画还是民间绘画中均出现了大量母子图像，表现形式繁多，内容题材进一步丰富，画面中的吉祥意蕴日趋浓厚。

伴随着中国古代绘画中母子题材的发展，中国古代陶瓷器上的教子图日臻成熟。教子图以表现家庭课子与教子为主题，其中女性与婴孩组合的教子图画面最为常见。中国古代家庭教育是子女教育的重要组成部分，母亲在传统家庭教育中承担着主要角色。

早在元代陶瓷器上即出现了教子图主题的纹饰。明清时期，陶瓷器上教子图纹饰迎来繁荣期（表 3–7）。

表3–7　明清陶瓷教子图纹饰发展一览表

<table>
<tr><th colspan="2">朝代</th><th>主题</th><th>代表陶瓷器</th><th>风格</th></tr>
<tr><td rowspan="3">明</td><td>前期</td><td>以女性观看庭院儿童嬉戏玩耍的场景为主</td><td>明永乐、富德年间的青花庭院婴戏纹碗、明宣德景德镇窑“青花仕女婴戏图大碗”</td><td rowspan="3">意蕴典雅</td></tr>
<tr><td>中期</td><td>突破了庭院的局限，女性在院内或郊外相伴儿童</td><td>明成化青花仕女婴戏纹盘、明嘉靖青花仕女图碗</td></tr>
<tr><td>后期</td><td>课子折桂、携子同游与子同乐、童子依偎仕女主题，表达多子多福、长寿延绵、蟾宫折桂的吉祥寓意</td><td>明万历青花三娘教子纹罐、明崇祯青花仕女婴戏图筒式瓶</td></tr>
</table>

续　表

朝代		主题	代表陶瓷器	风格
清	前期	教子折桂、课子、妇婴嬉戏等主题	清顺治青花仕女婴戏图筒式瓶、清康熙青花人物图筒瓶、清康熙青花五彩仕女图将军罐	细腻华丽
	中期	教子折桂、课子、妇婴嬉戏等主题，以西洋母子形象的教子图居多	清乾隆珐琅彩课子图盘	
	后期	教子折桂、课子、妇婴嬉戏等主题，呈现出程式图案化趋势	清道光釉里红苍龙教子图笔筒	

资料来源：《中国古代陶瓷纹饰》《明代青花瓷器人物纹饰研究》《明清时期景德镇瓷器教子纹饰考析》《晚明青花瓷中的女性形象研究》等。

纵观明清时期陶瓷器上的教子图纹样，大多表现了妇人日常教子读书的情景，仕女或端坐或站立持书指点、管束孩童，儿童则嬉戏、执书环绕张望仕女，整个题材中课子意味十分明确。其中，雍正时期陶瓷器上的教子图纹样具有较强的代表性。

雍正时期社会政治环境稳定，商品经济繁荣，市井民俗文化兴盛，受先秦儒家“仁者爱人”以及“礼乐教化”思想的影响，陶瓷器上的教子图纹饰在社会上颇为流行。

雍正时期陶瓷器上的教子图受到了中国传统绘画艺术、版画艺术、年画艺术、刺绣艺术，以及西洋绘画技法的影响，较之前代主题内容更加丰富，陶瓷艺术载体更加多样（表 3-8）。

表3-8 清雍正陶瓷器教子图纹饰特点一览表

类别	类型	特点	
纹饰主题	仕女婴戏类	既有室内情节的描绘又有庭院场景	兼具室内场景和室外场景的背景
	课子类	以室内场景为主	以日用陈设：方桌、长桌、长条桌、条案、条几、花几、扶手椅、靠背椅、坐墩、方凳、圆凳、条凳、春凳、脚踏、橱柜，以及笔、墨、纸、砚、笔筒、书画、瓶花、盆景等文房清供物品为背景
	教子折桂类	以庭院场景为主	背景以山石、栏杆、蕉叶、花卉、松、竹、柳、梧桐、地皮草等为主
装饰形式	通景式	装饰纹样的画面主体突出，构图简洁	
	分段式	具体可划分为两分段、三分段、四分段，通常在器身腹部绘以主体的教子图纹饰，其他部分则装饰古琴、羽扇、兰花、绶带等图案，主题鲜明，整体画面层次清晰，规整而富有变化	
	开光式	以线条勾勒、颜色块面或具体物象留出空白画面的样式，根据开光形状可划分为规则形开光与不规则开光两种类型，以及两层、三层、多层开光形式，画面主题突出，寓意吉祥	

清雍正时期陶瓷器上教子图纹饰通常色彩搭配较为丰富，色调柔和，与绘画性表现相融合，呈现出清秀雅致的特点。此外，清代受西方绘画技法的影响，陶瓷器上教子图呈现出融合中西方绘画技巧的特点。

（二）古代陶瓷器上教子图纹样的文化内涵

中国古代陶瓷器上的教子图纹饰蕴含着独特的文化内涵，主要表现在三个方面。

1. 儒家“仁者爱人”的哲学内涵

先秦儒家提出了仁者爱人的理念，倡导仁爱之美，仁爱之美以人类血缘亲情为基础，并从人的血缘亲情特点着手，总结出了一系列伦理道德原则，即孝、悌、忠、信。

《论语·阳货》中指出："子生三年，然后免于父母之怀。"[①] 父母不仅对子女有生恩，而且还有抱养、教养之恩。作为子女应以"孝"回报父母之恩，将孝悌视为仁爱的基础。

教子图将视角对准家庭中的妇女和孩子，展现妇女陪伴孩子玩耍、游戏，对孩子进行家庭教育的场景，反映了父母对孩子的教养之恩，其中蕴含着儒家"仁者爱人"的哲学内涵。

2. 文人理想的内涵

明清时期，封建统治者为了加强统治，重视科举制度，无论官宦之家还是平民百姓，均极其重视科举考试。受当时社会风气的影响，父母通常十分重视孩子的家庭教育。明清陶瓷器上教子图中的婴孩通常为男童形象，母亲教子，以及折桂的画面反映了明清时期人们对科举折桂的期盼，以及他日登科及第的文人理想信念。

明清陶瓷器上的教子图纹饰除了主题图案之外，往往还有大量的琴、棋、书画、桌、椅、文房事物等，这些事物大多反映了人们对悠闲雅逸的文人化美好生活的追求与向往。

3. 吉祥文化内涵

明清陶瓷器上的教子图纹饰除了主题图案之外，通常还有大量寓意吉祥的事物。例如，清雍正粉彩《三羊开泰人物纹碟》的主体画面除了仕女与孩单之外，还有三只羊，表现了母亲带孩子郊区牧羊的场景，既反映了淳朴、自然的乡村风貌，同时又蕴含着三羊开泰、否极泰来的吉祥寓意。

此外，明清陶瓷器上的教子图纹饰中还有大量的吉祥花卉、拂尘、翎羽、珊瑚、灵芝、如意、茶壶等装饰图案，这些装饰图案组合在一起，通常蕴含着

---

① 孔子．论语 [M]．杨伯峻，杨逢彬，注译．长沙：岳麓书社，2018：222.

独特的吉祥寓意。

例如，牡丹象征富贵，灵芝象征延寿，拂尘象征扫净俗尘。兰花多与寿石组合在一起，象征“寿献兰孙”；珊瑚与翎羽组合在一起象征“翎顶辉煌”；牡丹与玉兰组合在一起象征“玉堂富贵”；牡丹与花瓶组合在一起，象征“富贵平安”；等。

综上所述，明清陶瓷器上的教子图纹饰中除了蕴含着“仁者爱人”的先秦儒家思想以及文人理想之外，还蕴含着独特的吉祥文化，反映了时人对美好生活的向往。

二、先秦儒家比德理念对陶瓷纹饰的影响

先秦儒家倡导通过比德的手法，用自然山水中蕴含的伦理特性来对人们的美好德性进行比拟。先秦儒家的比德理念对后世的文艺创作以及器物制作思想产生了重要影响。本节主要从四君子题材着手，对先秦儒家比德理念对陶瓷纹饰的影响进行详细分析。

受先秦儒家比德理念的影响，中国古代文人常将琴、酒、诗视为“三友”，也有将梅、竹、石视为“三友”的说法。中国古代的三友说对古代画坛产生了重要影响。

宋元时期，一些画家将松、竹、梅称为“岁寒三友”，以松树的风姿比喻坚贞，以竹子的直干比喻气节，以梅花的耐寒比喻风骨，从而构成了一种所谓的文人气质。除了“岁寒三友”之外，明代一些画家将梅、兰、竹、菊绘成画谱，并将其称为“四君子”。

早在元代，吴镇就绘有“四友图”，在松竹梅的基础上加上了兰花。明代画家黄凤池在其《梅兰竹菊四谱》中用菊代替了松。清代《芥子园画传》中录有梅兰竹菊四谱。

梅、兰、竹、菊四种植物的生长习性各不相同，梅花凌空绽放，傲雪凌

霜；兰花则喜阴暗潮湿的幽深山谷，不与群芳争艳；竹子四季常青；菊花则生长于秋末，百花落尽后，仍然开花，且菊花在中国传统文化中常象征隐逸。古代画家根据四种植物的独特生长习性，赋予其独特的品格。“四君子”中的梅花与兰花象征清幽，竹子与菊花象征高爽，四君子合在一起则寓意君子的清高品格。

受绘画艺术的影响，明清陶瓷器上出现了大量四君子题材的图案。尤其是晚明时期，画匠们以梅、兰、竹、菊为寄托，借物咏怀，抒发着对生命与大自然的热爱之情。明代四君子题材纹饰大多通过青花釉彩方式体现。尤其是晚明青花陶瓷器上的四君子题材纹饰以追求自然天真之趣为特色，表现出颇高的写意艺术境界。

清代涌现出了八大山人、扬州八怪、石涛等文人画家，这些画家偏爱创作四君子题材的绘画，极大地推动了清代陶瓷器上四君子题材纹饰的发展，涌现出一批制作精良，纹饰优美的青花、粉彩、新彩四君子图陶瓷器。例如，清代康熙年间的青花山水纹饰盘即以梅兰竹菊四君子纹饰作为主要画面，

中国古代陶瓷器上四君子题材的纹饰表现形式可划分为三种类型。

其一，梅兰竹菊四种植物共同绘制在一件陶瓷器上。

其二，梅、兰、竹、菊四种植物分别单独出现在一件陶瓷器上，四件陶瓷器共同组合成为一组。例如，清代四君子主题的陶瓷瓷板画。

其三，以梅兰竹菊四种植物为主体，以喜鹊、山雀、蝴蝶相衬托，形成虚实衬托、动静呼应的花鸟瓷画。

无论哪种形式，古代陶瓷器上的四君子题材纹饰均体现出强烈的比德意蕴，以植物象征君子的高洁品格。由此可见，先秦儒家比德思想对我国古代陶瓷装饰有着重要影响。

第四章　中国古代陶瓷的禅宗思想研究

第一节 中国禅宗思想概述

宗教与艺术之间存在相互影响，相互渗透的关系。禅宗是中国古代佛教宗派之一，禅宗思想是中国古代传统哲学思想的重要组成部分。受禅宗思想影响而产生的禅宗美学对中国传统美学思想产生了极其深远的影响。本节主要对中国禅宗思想以及禅宗美学进行简要概述。

一、“禅”的起源及其核心思想

“禅”字最早见于《庄子·寓言》中：“万物皆种也，以不同形有禅，始卒若环，莫得其伦，是谓天均。”[①]“禅宗”中的“禅”是中国传统儒、释、道思想相互融合基础上兴起的一种思想，创于中唐，盛于晚唐。禅宗中的“禅”是“禅那”的简称，意为“静虚”“思维修”。

禅宗哲学在人生真谛、人生目的、人生态度、人生修养等方面均提出了自己的主张，其核心思想如下所述。

（一）禅宗哲学的世界观

禅宗将“心”视作万物的本体。这里“心”即是指理。心是道，心是理，则心外无理，理外无心。心能平等，名之为理；理能照明，名之为心。禅宗将“心”视作本体，强调心的无处不在，反映了禅宗独特的世界观。对禅宗的这种世界观，人们应当辩证地、理性地、科学地看待。从中国古代哲学思想史学观视角来看，禅宗哲学的世界观对宋明理学产生了较大影响。

---

① 周昌乐．禅悟的实证：禅宗思想的科学发凡[M]．北京：中国书籍出版社，2019：16.

（二）禅宗的逻辑结构

禅宗以禅命名，强调实践，主张“不立文字，教外别传，直指人心，见性成佛”①，禅宗的基调是以心性论为基点，通过心性修持获得心性的本真回归，追求生命自觉和超然境界的文化理想。

禅宗哲学否定了传统的宿命论，肯定了人的主观能动性，确立了自信、自尊的主体意识。禅宗哲学的一般逻辑结构是，人本澄明，强调人的内在本性纯朴圆满人在现实生活中进行生产生活时，受感性意识的影响，逐渐屏蔽了本心的澄明，远离了本性的淳朴，从而构筑了无尽的烦恼。人们借助禅的修行能够重新获得澄明的本心，从自然中体会禅味，在日常生活中体验禅悦，在生命中体悟禅境，从而走向生命的超脱和精神的自由，最后回归真心本性，实现明心见性。个体在对人生短暂与永恒、有限与无限、主体与客体的感受中进行思索，在对人生短暂、渺小、孤独的悲叹中，体验生命伟大、不朽与和谐的境界。

以上即是禅宗的逻辑结构，共分为心性论、迷失论、开悟论、境界论四个部分，这四部分即构成禅宗哲学的基本结构。

（三）禅宗的方法论

禅宗的目的是见性成佛。禅宗哲学中还提出了达成目的的方法论，即空、悟、行三种方法。

1. 空

禅宗的“空”指放下一切，回归本心的初始状态，是禅宗哲学中方法论的基石。禅宗意义上的“空”不是目的，而是引导人类个体的自我意识回归世界的起点，进入空境，使精神得以解脱，思想获得解放，人生进入自在无碍的境界。

2. 悟

禅宗的“悟”指获得全新的观点，形成全新的思维。“悟”是禅宗哲学的

---

① 陈继儒．小窗幽记[M]．西安：三秦出版社，2018：137.

方法论之一。禅宗哲学中的“悟”包含三层含义，即自悟、顿悟和悟他。

（1）自悟。自悟强调悟者自身的主体作用，自修自度、自救自悟，亲自体验“如人饮水冷暖自知”的觉悟状态。

（2）顿悟。顿悟作为禅宗中的重要概念，是相对于渐悟而言的，指个体意识领域的飞跃。渐悟是一种局部的认知状态，顿悟是一种完整的悟。

（3）他悟。他悟是自身觉悟后还要能引导他人觉悟，即先度己后度人。他悟是引导和帮助他人顿悟的一种方法。

3. 行

行是禅宗哲学的方法论之一，也是禅宗实践精神的内在要求，包括身行、口行、意行三个方面。

禅宗“空”“悟”“行”的方法论，相辅相成，相互影响。空是为了悟，悟是为了行，行的结果是为了实质性地改善个体生存。如果没有行，悟即无所适从，不辨方向，空与悟的价值锐减而缺少了悟，空则会走向虚无。

二、禅宗美学的特征

禅宗美学是在禅宗哲学基础上逐渐发展起来的，是中国古代传统美学的重要分支。禅宗美学是一种追求生命自由的生命美学。

（一）禅宗美学是一种生命美学

禅宗关注生命自由，通过“悟”来获得个体的生命独立和解放。禅宗美学并非传统意义上的美学，也不是普通的艺术哲学，而是对人的意义生存、审美生存的哲学思考，或者说它是对生命存在意义、价值的诗性之思，是对人生存在本体论层面的审美之思，其本质上是一种追求生命自由的生命美学。

禅宗美学作为一种生命美学，追求心灵的自由，追求任运随心的生存方式，对生命进行自由诗性的思考。禅宗对生命的关注，是对生命自我意识的张扬，对个体的创作心境产生了极其重要的影响，使个体在进行艺术创作时更加注重心灵的能动性。例如，禅画，作为一种受禅宗美学影响的绘画艺术，注重对生命的反思，以及个体对创作的思考，在自由中寻找“突破性”。

（二）禅宗美学强调顿悟

“悟”是禅宗哲学的重要方法论，也是禅宗美学的重要范畴。禅宗美学的本体范畴是“心性”，“悟”心是禅宗美学的纲要，也是禅宗美学的方法。禅宗哲学中“悟”的方式可细分为两种类型，即渐悟和顿悟。

渐悟是顿悟的基础，顿悟是渐悟的结果。“悟”的审美价值是对个体心性的高扬，也是一种对个体自力的赞美。禅宗美学注重个体心性的挖掘，倡导明心见性的心性之悟。只有产生顿悟，才能获得灵感，从而提升审美境界。

禅宗美学的“顿悟”呈现出非逻辑性、无所执着性、自悟性和整体性的特点，禅宗美学的顿悟是个体心灵境界整体升华的过程。

禅宗美学的“顿悟”是一种摆脱了传统思维的束缚，呈现出圆融不二的自由境界。审美思维也不是人与物的关系，而是一种你中有我，我中有你的“神与物游”的状态，呈现出客体的主体化。禅宗美学的“顿悟”还是一种个体的生命体验，是个体对生命意义的感悟，是一种非逻辑性的、天人合一的、主客圆融的心灵之美。

（三）禅宗美学“心”“境”一体的特点

“意境”一词作为一个审美概念，最初运用于唐代，然而其源流则可追溯至先秦时期。禅宗美学思想中“心”“境”之间存在极其复杂的关系。

禅宗美学思想建立在禅宗哲学思想基础之上，禅宗哲学思想认为“心”是一切事物的本体，心的本体性地位决定了禅宗美学中的意境是一种偏重于主体心灵领域的美学观念，倡导万事万物来源于“心”的观照。

“境”是由人的心灵熔铸而成的心相，并不是客观的物象，是人在生活中心灵体验的产物。正如《禅源诸诠集都序》中说:“境不自生，由心故现。”[①] 所以“意境”之境是偏于主观的，是主体在心物交融中呈现的主观心灵范畴。意从心来，境由心生，心境相依，意境同体。意境属于主观心灵的美学范畴，不是主观与客观，也不是意与境的简单相加。境是意的派生、是意的变体，景是情的派生、是情的变体。无意便无境，无情则无景，这样才能准确地理解和阐释“意境”的发生和表现。也就是说，禅宗心源的至上至伟，使意境这一心灵世界具有了无限的包容性和丰富性。

第二节　禅宗思想对中国古代陶瓷造型的影响

禅宗美学的本质是一种追求生命自由的生命美学，其既是对生命的思考，也是对存在本体论层面审美的思考。本节主要对禅宗思想对中国古代陶瓷造型的影响进行阐释。

一、禅宗思想对古代陶瓷茶盏造型的影响

禅宗思想属于生命美学，尊重人的本性，将回归人的本源当作追求。中国传统茶文化的发展中蕴含着独特的“茶禅一味”的文化。

茶叶具有提神醒脑，消乏去睡的重要功效。自古以来备受社会各种人群的喜爱。古代僧人认为茶有“三德”，坐禅时通夜不眠，满腹时帮助消化，茶且不发。茶的独特功能使得人们将茶与禅联系在一起，禅宗哲学倡导坐禅的心境和顿悟的效果，认为只要心境入禅，即是坐禅。“禅”是内心明见自己的本性而不乱。“坐”并不要求真的枯坐，只要“心念不起”，隔绝外在的纷扰，

① 中国学术名著提要编委会．中国学术名著提要：第 2 卷 隋唐五代编 [M]．上海：复旦大学出版社，2019：501．

才能使人明心见性。

禅宗哲学中倡导的禅修是一种身子不动，精神统一的过程，而茶道则是一种通过形体上的活动，而使得精神保留在禅的静谧境界的过程。烹茶、点茶、泡茶、饮茶的过程中，需保持平心静气，井然有序，如果过于急躁，所煮或所泡的茶则不能达到理想的效果。饮茶的过程中平心静心，慢慢啜饮茶汤，能够获得心灵的宁静、安逸，在宁静中体会心境的变化和自省，与坐禅的明心见性有异曲同工之妙。

禅茶一味还体现在茶汤方面。我国茶文化源远流长，不同朝代的饮茶方式也不尽相同。唐代盛行煎茶，宋代点茶代替煎茶，蔚然成风。点茶在煎茶的基础上发展而来，点茶前先用沸水预热杯盏，以确保茶味不变，再将少量茶末置于茶盏中，注入少量水调匀，之后再根据茶末的多少边注入开水边用茶筅击拂，之后再趁热饮用。点茶因个人的技巧不同，点出的茶汤效果也不尽相同。

无论煎茶还是点茶均会在茶汤上形成独特的影像。唐代末年，伴随着民间点茶茶艺的提升，茶百戏兴起，茶百戏又称为分茶、水丹青、汤戏、茶戏。陶谷在《舜茗录》记载："茶至唐始盛。近世有下汤运匕，别施妙诀，使汤纹水脉成物象者，禽兽虫鱼花草之属，纤巧如画，但须臾即就散灭。此茶之变也，时人谓之茶百戏。"①

茶百戏中变幻的茶汤虽然逼真，然而却并不能持久，须臾即散，与禅宗思想中的虚实之境相契合，体现了茶禅一味的意境。禅宗美学对中国古代陶瓷茶具的造型也产生了深远影响。

唐末宋代茶百戏盛行期间，民间兴起斗茶之风。斗茶的内容包括斗茶香、斗茶味、斗茶具、斗茶色、斗茶形等多种类型，以白色、密实的汤花为胜。受斗茶风气，以及禅宗思想的影响，我国陶瓷茶盏多为腹浅敞口造型。茶盏又称为茶瓯、茶碗。

① 赵佶．大观茶论[M]．日月洲，注．北京：九州出版社，2018：110.

茶盏最早可追溯至唐代，一般为敞口、器身腹壁比较浅、足短的造型。敞口造型既便于茶汤放凉，也便于人们施展茶百戏，通过感受浮浮沉沉的茶叶的流变实现顿悟。

根据茶盏的口部造型，茶盏可细分为束口盏、敛口盏、撇口盏和敞口盏，或平口盏、花口盏几种类型。宋代斗茶风行时，为了更好地在茶盏中绘制茶百戏，出现了底小壁斜，下狭上宽，形如斗笠造型的V形盏。

茶盏通常与茶托结合使用。茶托的造型也可划分为两种类型，一种是托台高出盘面，托台呈莲花瓣形或圆形；另一种茶托的托台则下陷，有的下陷处为圆形，有的则呈荷叶形。

从整体上来看，茶盏造型清丽、器型小巧、挺拔、适用，线条起伏有致，凹凸分明，圆润流畅，体现出禅宗清、净、淡、空无、灵动以及通透的意蕴。

二、禅宗思想对古代陶瓷香炉造型的影响

禅宗美学对中国古代香文化以及香炉造型产生了极为深远的影响。

（一）古代香文化及陶瓷香炉发展概述

香炉是古代的日用器具之一，香炉在古代的兴盛与中国传统香文化有着直接关系。中国古代香文化可追溯至新石器时代晚期，夏商周时期伴随着礼制的健全，用香祭祀成为传统。春秋战国时期出现了制作精美，体量较大的博山香炉。

汉代，封建贵族和王公阶级已形成熏香的习惯，并将香纳入宫廷礼制。魏晋南北朝时期，香文化更加兴盛，并开始从封建贵族阶级向文人士大夫扩散。唐代，传统香文化进入系统化发展阶段，形成了独立的发展体系，香料的种类日益丰富，香仪和香规逐渐形成，焚香炉具更加多样。宋代，传统香文化发展至鼎盛，用香的人群范围日益扩散，不仅皇室贵族、文人士大夫、僧侣，甚至平民百姓也开始用香。焚香成为人们日常生活的一部分。香料的使用

方式和功能日益丰富，大体包括药用功能、饮食功能、文房用品功能、祭祀功能、熏衣功能、香烛功能、香毽功能、香囊功能、礼物功能、消毒杀虫功能、除恶气功能、辟邪功能、返生功能、消神功能、制酒功能、沐浴功能、书防虫功能、香含功能等。不同功能的用香与特制的香具搭配使用，在香文化的带动下，宋代香具的造型和制作工艺更加考究和精良。

元明清时期，香文化呈现出持续繁荣的态势，香文化礼仪更加规范，香具制作和使用更加考究。直至清代中期之后，中国传统香文化才逐渐没落。

纵观中国传统香文化的发展，宋代为香文化的成熟期，香文化的繁盛与普及带动了陶瓷香炉的烧制。宋代的陶瓷香炉造型多样，可细分为多足香炉、单足香炉、仿古香炉、长柄香炉和仿生香炉等多种类型（图 4–1）。

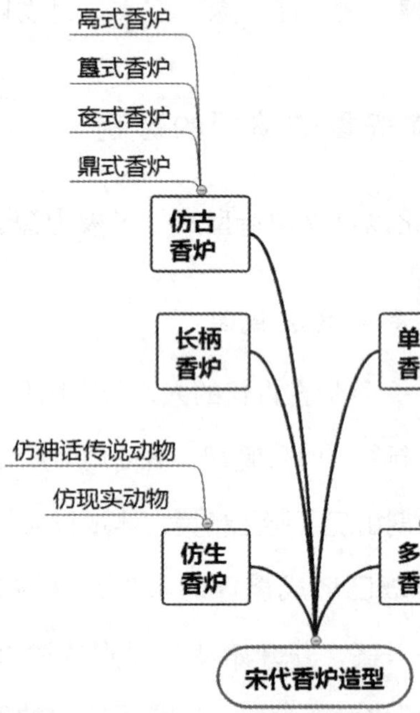

图4–1　宋代香炉造型示意图

（资料来源：《中国陶瓷史》《中国古代陶瓷》《唐宋香炉设计研究》《唐宋陶瓷香炉仿生形制演变研究》《宋代陶瓷香熏炉造型特征研究》等）

除了以上分类之外，宋代香炉造型根据是否敞开还可划分为敞开式和封闭式两种类型。其中封闭式香炉通常为熏炉，可细分为球形熏炉、博山熏炉、莲花熏炉、鸟凤熏炉、香鸭、狻猊熏炉等；敞开式香炉又可划分为奁式炉、鬲式炉、鱼耳炉、莲花香炉、高足杯式香炉等。

从造型上来看，宋代陶瓷香炉整体上呈现出古典隽永、自然细腻的艺术风格。宋代陶瓷香炉的造型受到禅宗美学的较大影响。

（二）宋代香炉造型中蕴含的禅宗美学意蕴

宋明理学家将儒释道文化融为一体，开创了新儒学。禅宗思想对宋代社会产生了深刻影响。宋代文人士大夫以禅入诗，以禅入画，以禅入香，形成了焚香、点茶、持画、插花的文人雅趣。焚香是一种听觉、视觉、触觉、嗅觉并用的活动，能够明心见性。焚香期间，香气袅袅在空中形成虚无缥缈、各种形状和图案的烟气，将人们现实中的烦恼带走，人们通过对香气的观察而顿悟。此外，焚香产生的香气能够引导人们从浮躁中安静下来，从而更有利于“顿悟”。

宋代陶瓷香炉作为焚香和熏香必须使用的器具，深受禅宗美学的影响，因此造型、装饰、釉色中均包含着深刻的禅宗美学意蕴。这里仅对陶瓷香炉造型中蕴含的禅宗美学意蕴进行详细阐释。

1.宋代仿古香炉造型中蕴含的禅宗美学

宋代陶瓷烧制工艺达到了较高水平，出现了大量陶瓷仿古制品，陶瓷仿古香炉大多模仿古代青铜材质或玉质的香炉造型，如鬲式炉、奁式炉、鱼耳炉等。

其中，鬲式炉仿照西周晚期的吕王鬲造型制作而成，与吕王鬲相比，宋代鬲式香炉的颈部拉长、腹部饱满、线条流畅，三足并收呈现出外撇，整体造型显得柔美而内敛。

从整体造型上来看，陶瓷仿古香炉呈现出强烈的古典、端庄、凝重、幽静古朴意蕴，带给人强烈的宁静之美。宋代仿古香炉造型多为平底或三足造型，敞口无盖，香炉的腹部和口部相对较为宽广，多以圆形曲线为主，造型简洁，然而却蕴含着天地圆融的深刻寓意，体现出空纳万境的意蕴。

2.宋代仿生香炉造型中蕴含的禅宗美学意蕴

仿生香炉造型早在宋代之前就曾出现，宋代的陶瓷仿生香炉造型更加多样，具体可划分为仿植物造型的香炉和仿动物造型的香炉。仿植物造型的香炉有莲花熏香炉；仿动物造型的香炉则包括鸭形香炉、鸟凤形香炉、狻猊香炉等，仿生香炉通常具有较强的禅宗雅趣。

以鸭形香炉为例。

鸭子属于飞禽类动物。禅宗哲学思想中常以飞禽进行比喻。例如，“如鸟飞空，迹不可寻”。飞禽在天空匆匆飞过，不留下丝毫痕迹，这种自然界的现象，常被视为禅宗空性美学的直观阐释。

鸭子作为古代田园生活中常见的家养动物，性喜水，其毛色通常为纯白色或花色，常浮于水中觅食，外形优美，与周围的自然景物融为一体，往往能够营造出垂柳、池塘、香鸭、芦苇、荷田一派田园景象。自南北朝以来，鸭子备受历代文人雅士的青睐，成为文人雅士常用的造境物象之一。

例如，宋代苏轼《惠崇春江晚景》中的“竹外桃花三两枝，春江水暖鸭先知”[①]，以及杨万里《后苦寒歌》中的“一双野鸭欺晚寒，出没冰河底心性？”[②]这两首诗中的前一首赞叹鸭子敏锐的观察能力，后一首则对野鸭的坚毅品格进行褒扬，使鸭子成了中国传统文化中敏锐、坚毅的形象。

宋代鸭形香炉造型较为常见。例如，鸭形盖莲瓣香炉、景德镇窑青白瓷鸭炉等鸭形香炉将鸭子的形象与莲花形象结合了起来，造型师法自然，不泥

① 李定广评注．中国诗词名篇名句赏析：下[M]．北京：华文出版社，2020：138.

② 周汝昌选注．杨万里选集[M]．上海：上海古籍出版社，2012：103.

古，不夸张，自然亲切，小鸭动作之间充满了闲适之意。焚香时，香气通常从小鸭身体中经过，从鸭嘴中涌出，能够营造出一派闲适淡然的意境。而文人士大夫在这一派闲适中获得心灵的宁静，在欣赏鸭形香炉造型的美与趣中达到“物我两化”，明心见性的意境。

第三节　禅宗思想对中国古代陶瓷装饰的影响

古代陶瓷装饰是古代陶瓷烧制工艺的重要组成部分，自古以来受传统哲学思想的影响较大。本节主要对禅宗思想对中国古代陶瓷装饰的影响进行研究。

一、禅宗思想对中国古代花釉陶瓷的影响

花釉是我国古代陶瓷器上的一种多彩装饰釉，始见于唐，盛行于宋，以后各代也都有烧制。中国传统花釉瓷历史悠久，起源于唐代。唐代之前的陶瓷装饰主要为胎体装饰，通过堆塑、刻花、划花的手法在陶瓷胎体上进行装饰。晋代后方才出现了点彩装饰，主要为釉下褐彩装饰。

唐代出现了花釉装饰技法。唐代花釉装饰工艺是以黑釉、褐釉作为底釉，用其他色彩的面釉泼洒或点以彩斑，再入窑烧制。面釉形成的彩斑在窑炉内与底釉在高温下熔融晕化为斑斓瑰丽的彩斑装饰，从而使得陶瓷坯釉呈现出浑然天成的奇幻艺术效果。花釉是我国最早的窑变釉，在中国古代陶瓷史上具有划时代的意义。

宋代，花釉陶瓷在唐代的基础上进一步发展成熟，其中钧窑的窑变釉色千变万化，光彩夺目。

明清时期，在继承宋代传统基础釉色的同时又有了新的突破，然而随着青花以及多彩瓷器的出现，花釉陶瓷远不如唐宋兴盛（表 4–1）。

表4-1　唐宋花釉瓷特点一览表

朝代	窑口	特点
唐	河南鲁山窑、禹县窑、内芎窑、山西交城窑	在黑、黄等深色底釉上装饰蓝、绿、白等釉斑
宋	钧窑	以黑白为主要色调，釉斑呈现针尖、流星、雨点等状，釉色变化多端，浑然天成
	吉州窑	黑釉上分布着寥若晨星的兔毫纹、璀璨华丽的虎皮纹，绚丽多彩

资料来源:《中国陶瓷史》《中国古代陶瓷》《河南地区唐宋金时期黑釉瓷器的类型与分期》《河南出土唐代花釉瓷的地域特征和彩斑装饰特点》《中国北方地区北朝至唐代黑釉瓷器的考古学研究》等。

花釉自然多变，主要是因为在高温烧制过程中，不同釉不均匀混合，并呈现流动性，其工艺具有一定的特殊性。花釉的烧制涉及底釉和面釉，要保证两者在高温下的适应性、热稳定性，以及适当的流动性和融合性。除此之外，烧制过程中烧成气氛的确定、烧成温度、釉层厚度、造型等因素对花釉的烧成效果也有着重要影响。

花釉形成手法主要包括斑点法、点涂法、不均匀混合法、复层法和析晶法（图4-2）。

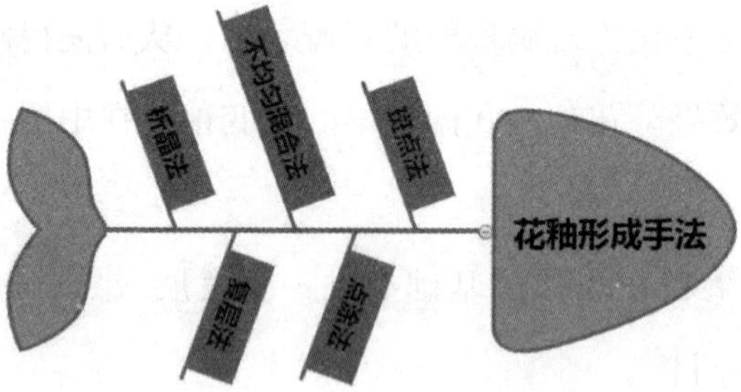

图4-2　花釉形成手法

（资料来源:《颜色釉瓷鉴定与鉴赏》《花釉装饰语言研究》等）

花釉装饰以釉色自然变幻形成的斑点或纹理打破了单色釉的装饰局限，使陶瓷呈现出别样的艺术魅力。花釉的釉色变化丰富，在高温下呈现出交融流动的状态，形成各种抽象的艺术效果。

花釉陶瓷的斑纹和渐变色彩中蕴含着独特的禅宗美学意蕴。

禅宗美学视野中的“花”蕴含着独特含义。花的自然状态是一种由内而外展开的生长模式，与禅宗对世界万事万物构造的理解存在一定的相似性，花作为一种植物，随着四季变化而发芽、生长、凋零，第二年则重复这一过程，植物的这一自然生长特性与禅宗倡导的生命永恒的观念相契合。

花釉陶瓷通过独特的陶瓷烧制工艺将花的意象再现于陶瓷器上，这种再现并非比照自然界花朵的形态进行复现，而是通过釉面纹理的类比，再现群花聚集绽放，生机勃勃的景象，从而引导人们借助想象和联想，触发花团锦簇，烂漫群生的审美情境。

花釉陶瓷上的斑点或纹理很多对自然纹理进行模仿。例如，黑白釉斑点如同阳光在树叶间辗转腾挪洒下的斑影；鹧鸪斑釉则如同鹧鸪身上的纹理；兔毫釉则如同兔毛般细腻而根根分明。花釉瓷烧制过程中形成的纹理通常具有非均质化的特点。

这种非均质化的纹理，在瓷器上分布参差不齐，错落有致，在器物的外壁和内侧延展，没有鲜明的起点和终点的界线，模糊了器物内外空间结构，将花釉陶瓷握在手中观赏可以看到移步换景，跌宕起伏，连绵不绝，韵味天成的效果，感受独特的意境或审美情趣。花釉陶瓷的这种审美特色能够引发人们独特的禅宗美学想象。

二、禅宗思想对中国古代陶瓷裂纹肌理的影响

肌理一般指事物表面的纹路、组织结构等。陶瓷肌理具有较强的装饰性，陶瓷肌理是陶瓷产品的重要组成要素之一，也是陶瓷装饰的重要手段，主要表

现为陶瓷坯体表面独特的、纵横交错的、高低不平的纹质理路，可表达某种思想，体现陶瓷产品的精神功能。

古代陶瓷肌理主要可划分为自然肌理和人为肌理两种形式。陶瓷的自然肌理是指在烧制过程中自然形成的肌理，通常表现为裂纹肌理。陶瓷的人为肌理则是通过人工干预的方式，借助镶嵌法、绞泥法、雕刻法、叠压法、堆贴法、印压法、干粉龟裂法等技术手法在陶瓷表面印刻各种肌理，以对陶瓷进行装饰。

在这里主要对古代陶瓷的裂纹肌理，以及其中蕴含的禅宗思想进行分析。

陶瓷艺术是泥与火的艺术，它主要以泥土的泥性和可塑性作为制作的基础，再加上火的考验，最终得到独特的肌理效果。中国古代陶瓷的裂纹肌理俗称“开片”，是伴随着瓷器的发展而出现的，在宋代达到兴盛，并对元明清陶瓷的审美产生了深远影响（表 4–2）。

表4–2　古代陶瓷裂纹肌理发展一览表

朝代	主要窑口	裂纹肌理状态
秦汉	南方已出现开片现象	釉层质地较粗，胎和釉密合不佳，釉层剥落现象较为普遍
三国两晋南北朝	江西、长沙、浙江，以及北方各窑口烧制的陶瓷器普遍具有裂纹情况	釉层现细碎冰片纹、冰裂纹、釉层易脱落
隋唐五代时期	隋代青瓷化妆土上的釉层颜色普遍发黄，开细碎冰片	釉面有开片纹，胎釉结合较差，易于剥落
	唐代婺州窑、瓯窑、岳州窑、邢窑、曲阳窑、寿州窑等窑口的瓷器均存在釉面开裂纹的情况	唐代早中晚期全国各窑口烧制的各种色釉瓷存在不稳定性，存在釉面开裂的状况

续　表

朝代	主要窑口	裂纹肌理状态
宋代	北宋官窑	釉面光亮滋润，釉上的片纹，大小相错，大片通体下来，有的大纹片从沿一直到足边，色深而有气势；小片色纹浅，围绕大片纹四周，大小相错，疏密有致
	耀州窑	釉色青中泛黄，釉面多有细小的冰裂纹和橘皮现象
	南宋郊坛官窑	胎细釉润，色清带粉红，釉有深浅之分，有蟹爪纹开片和紫口铁足
	南宋修内司官窑	胎体较厚，釉层较薄，开细碎冰片，片纹乳白色，棱角分明，有的片纹两层或多层叠加，深浅分明
	汝窑	釉层薄，莹润光洁，釉面多有开片，纹片较小，小的片纹浅而细碎，似蟹爪纹，错落有致
	哥窑	釉色粉青或灰黄，釉面开有细碎纹片，纹片呈黑黄色，其裂纹肌理可细分为金丝铁线纹、百圾纹、牛毛纹、鱼子纹
明代	官窑	釉质润泽，玻璃质感强，釉面白里泛青，开细碎冰片纹
	民窑	有的开细碎纹片，有的不开片
清代	景德镇等窑口	大量仿宋代各窑口开片陶瓷

资料来源：《中国陶瓷文化史》《中国陶瓷历史地理》《中国陶瓷设计史》等。

陶瓷釉面裂纹肌理的表现形式主要有两种，一种是陶瓷釉本身产生裂纹；另一种则是人为制作与加工出裂纹。

古代陶瓷的裂纹肌理是陶瓷烧制过程中偶然被人们发现的。在发展的初期阶段，陶瓷釉面的开片大多由烧制工艺不成熟所致，起源于一种不成功的釉。在高温烧制过程中，坯体与釉面之间的依附关系发生变化，釉面虽然没有完全从陶瓷坯体上脱落，然而却在陶瓷釉面产生了大量裂纹。宋代，随着陶瓷烧制工艺不断进步与成熟，工匠已经能够控制开片技术，并且研究出了釉面裂纹肌理出现的原因，从而烧制出了具有独特艺术审美的陶瓷。

陶瓷的裂纹肌理无论是自然生成的，还是在人为加工下形成的，均呈现出不规则分布的状态，裂片大小不一、纹理形状万千，或呈现出冰裂状，或如同干涸的土地，或如粗糙的树皮表面，或如陡峭的山峰，或如牛毛、鱼子、蟹爪、柳叶，或如碎云遮天，等等。不同陶瓷坯体与裂纹釉面结合在一起形成了独特的陶瓷肌理。

陶瓷裂纹肌理具有较强的偶然性和随意性，能够为观赏者提供广阔的想象和联想空间，从而引发观赏者独特的审美想象和联想。陶瓷裂纹肌理具有显著的不均匀特点，裂纹在釉面下蜿蜒而行，路线或柔和，或锋利，每一块裂纹仿佛既独立又与其他裂纹共同形成一个整体，甚至一些细小的纹理只有在柔和的采光下从特殊角度进行鉴赏，才能感受其韵味。这正是禅宗美学空、无、静、淡、雅、秀、蕴审美观的体现，其中渗透着独特的禅宗美学意蕴。

三、禅宗思想对中国古代陶瓷莲花纹饰的影响

莲花纹饰是中国古代陶瓷纹饰的主要类型之一，在我国古代陶瓷纹饰上留下了浓墨重彩的一笔。

莲花纹饰在我国起源较早，先秦时期，青铜器上已经使用了莲花纹样。此时的莲花纹样取材于大自然，形态较为质朴，展现出了莲花自然的形态。东汉，器物上的莲花纹样逐渐增多。魏晋南北朝时期，莲花纹样出现在陶瓷器上，形态更加多样，以覆仰莲瓣纹、大圆莲纹造型为主，具有较强的写实风格，通常以中心对称构图形式出现。

隋唐时期，莲花纹饰成为陶瓷器的主要纹饰，并逐渐步入成熟期。这一时期，陶瓷器上的莲花纹样呈现出生动形象、栩栩如生的特点，以转枝构图为主。

宋元时期，陶瓷器上的莲花纹饰不断朝着多样化的方向发展，同时这一时期伴随着周敦颐《爱莲说》的广泛传播，莲花被赋予出淤泥而不染的高洁品格。莲花纹样在陶瓷器物上形态更加丰富，出现了莲池纹样、束莲纹样等，呈现出繁复、精致、细密和写实的特色。

明清时期，中国陶瓷制作技术朝着巅峰期发展，同时陶瓷器上的莲花纹饰进一步成熟，不但构图方式日臻完美，而且纹样类型更加多样（表 4–3）。

表4–3　古代陶瓷莲花纹饰发展一览表

<table>
<tr><th>朝代</th><th>纹样</th><th>风格</th></tr>
<tr><td>魏晋南北朝</td><td>莲瓣纹，具体包括覆莲纹、仰莲纹、圆莲纹</td><td>清秀脱俗、写实性较强，构图以中心对称式为主</td></tr>
<tr><td>隋代</td><td>莲瓣纹，具体包括覆莲纹、仰莲纹</td><td>朴素简洁</td></tr>
<tr><td>唐代</td><td>莲荷图纹、莲瓣纹，具体包括缠枝莲纹、莲瓣纹、凸莲瓣纹、仰莲和覆莲纹</td><td>生动形象，构图自由且有序，充满节奏感和勃勃生机</td></tr>
<tr><td>宋代</td><td>莲瓣纹、写实莲荷纹，具体包括荷塘风光、莲池水禽、婴戏莲花、印花把莲、双层仰莲、浮雕莲瓣纹等</td><td>自由舒放，繁复、精致、细密、写实</td></tr>
<tr><td>元代</td><td>缠枝莲纹、莲瓣纹、莲池鸳鸯和莲池鱼藻</td><td>装饰性强</td></tr>
<tr><td>明代</td><td>缠枝莲纹（龙穿莲、凤穿莲、缠枝莲托八宝、缠枝莲托梵文）、写实莲荷纹、变形莲瓣纹、独莲纹</td><td rowspan="2">独莲纹形象丰满，大方，惟妙惟肖
缠枝莲纹圆润流畅，柔美典雅
把莲纹疏密得当，富于动感
写实莲荷纹绘画工细在明清不同时期呈现出不同风格
勾莲纹多样实用
折枝莲纹简法灵活</td></tr>
<tr><td>清代</td><td>缠枝莲纹、写实莲荷纹、独莲纹、把莲纹、勾莲纹、折枝莲纹等，构图方式包括重叠式构图、国画式构图、开光式构图、分面式构图等</td></tr>
</table>

资料来源：《中国古代陶瓷纹饰》《常用陶瓷装饰纹样》《佛教莲花纹样的审美分析》等。

纵观中国古代莲花纹饰的发展与演变，其在不同时代呈现出不同的风格特色，色彩丰富，装饰工艺手法多样，包括刻花、模印、印花、剔刻、绘画、镂雕、堆塑、轧道、刻瓷等，蔚为大观。

中国古代陶瓷器上的莲花纹饰具有多种意象，反映了独特的中国传统民俗文化、精神文化以及禅宗美学内涵。

古代陶瓷器上的莲花纹饰具有连续、长久、清廉，以及和气、融洽、互助、协作的意义，蕴含着人们对未来吉祥、幸福、美好生活的期望与祝愿。例如，不同的莲花纹图样被赋予连年如意、连生子理、一路连科、百年好合、清廉高洁等寓意。

除此之外，中国有大量吟荷咏莲古诗词，以莲花比德，赋予莲花高尚的君子品格。古代陶瓷器上的莲花纹饰也因此被视为君子的象征，传达官吏为官清廉、奉公守法信息，同时其也是文人寄托情怀的对象。

从禅宗美学来看，莲花被赋予了高尚、纯洁、祯祥、净土的寓意。荷花出淤泥而不染，具有无尘无染、超凡脱俗的意蕴。莲花茎中空，开花、结果的自然属性被赋予烦忧和清净的自我提升的象征意蕴。相应地，陶瓷器上的莲花纹饰也被赋予较强的禅宗美学特征。

莲花纹饰高洁的意象中蕴含着禅宗美学“空灵”的审美特点。莲花花叶中空，其果实莲藕中空，莲子的中心则为一枚碧绿的莲心，映衬出莲花独特的“空”的特性。禅宗美学中的“空”，包含“空灵”之意，空灵在艺术形式上简洁而不烦琐，然而在艺术表现上却呈现出饱满充实，富有灵性的特点。

禅宗美学以明心见性作为宗旨，莲花在禅宗哲学中常被视为心性的化身。正所谓一花一世界，一叶一菩提，纯洁无垢的本心本性如同出淤泥而不染的莲花，静立水中央，花叶硕大而不妖媚，亭亭净植，不与岸上的一众花草争艳，远离尘嚣，清静幽香。陶瓷器上的莲花纹饰也被赋予相应的象征意义，体现出明心见性的禅宗美学特点。

第四节　禅宗思想对中国古代陶瓷意境美的影响

意境属于中国传统美学的概念范畴，也是中国禅宗美学的概念范畴。本节主要对禅宗思想对中国古代陶瓷意境美的影响进行分析。

一、禅宗美学中的“意境”解读

意境这一概念最早起源于先秦时期。禅宗美学思想中的意境是由禅宗思想中的自然观和人格观的空化而得到的。主空的自然观与看空的人格观相互结合即会得到一种全新的心理情感，即意境。

禅宗视野中的自然，一方面，保留了客观现象中的细节；另一方面，将自然心化、空化。由此，自然被赋予了新的意义，自然的审美发生了根本性的变化，推动中国传统审美朝着心灵化的方向转变。

禅宗美学视角的“意境”可划分为三层含义。第一境，“落叶满空山，何处寻行迹”；第二境为“空山无人，水流花开”；第三境为“万古长空，一朝风月”。三层含义，层层递进，直至顿悟。[①]

综上所述，禅宗美学整体的思想基础为心性化的，由此产生了对自然的看法，对人格的看法，最终形成了美学中独特的现象——意境。意境的提出对我国文艺的审美产生了深远影响。受禅宗美学“意境”的影响，我国文艺创作以及器物制作均崇尚意境，以营造意境作为终极目标。

---

① 潘知常．中国美学精神 [M]．南京：江苏人民出版社，2017：446.

二、禅宗美学对古代青花山水画意境的影响

自古以来，美学即对艺术有着极其重要的影响。中国古代陶瓷艺术不可避免地受到禅宗美学的影响。古代陶瓷的意境美主要由陶瓷的造型、装饰等多个方面进行体现。在这里主要以陶瓷青花山水画的意境为例，对古代青花陶瓷的意境美进行分析。

（一）青花山水画的发展及特点

青花瓷装饰中存在山水、花鸟、人物等多种题材。古代青花瓷山水画装饰并非一蹴而就，而是经历漫长的发展过程才逐渐成熟起来的。唐代，已然出现了少量青花山水题材，然而受制于当时的青花烧制工艺，青花山水题材纹饰表现差强人意。宋代单色釉瓷盛行，青花的烧制较少，现存的宋青花数量较少，纹饰以牡丹、菊花、花草纹、树木、圆圈纹、波浪纹、文字等为主。

元代，青花瓷的烧制技术取得了较大发展，出现了青花山水装饰。然而，由于元代文人对青花瓷抱有一定的偏见，元代青花山水瓷画的发展受到了一定阻碍。

明代晚期至清中期，青花山水瓷画获得了较大突破，无论构图还是绘制技法都逐步与文人绘画接轨，推动青花山水瓷画进入了大发展和大繁荣时期（表 4-4）。

表4-4　青花瓷山水画发展一览表

发展阶段	朝代	绘画技法	题材 / 意境
萌芽期	元代	大笔拓涂	作为人物背景出现，体现简逸恬淡的氛围

续　表

发展阶段	朝代	绘画技法	题材 / 意境
发展繁荣期	明代早期	小笔拓涂	以海洋仙山等题材为主，具有鲜明的世俗吉祥气息，图案化性质，缺乏意境表达
	明代中晚期	分水技法、皴法	将绘画技巧用于瓷画，营造荒寒萧瑟、简远寂寞的意境
	清代早中期	分水技法，达到“墨分五色”的效果	效仿四王山水画意境，山重水复，飞瀑流云，画面由简入繁，表现悠游闲适的意境
衰落期	清代晚期	分水技法	繁密、泥古，逐渐程式化，呈现出沉闷乏味之感

资料来源：《论禅思想下的水墨画意境与青花山水画创作》《论点、线、面在陶瓷釉下五彩山水构成中的美学体现》等。

青花瓷山水画的意境受到中国传统绘画意境的较大影响。明代早期，青花瓷以吉祥主题为主，并通过动植物等表现出来。因此，明代早期官窑所生产的青花瓷较少有山水题材的。

明代中期，社会政治日益转向黑暗，生活于这一时期的民众，面对无法抗争的社会政治环境，为了表达心中对现实的不满，就希望通过文艺或器物寻求精神解脱。

自然山水成为人们寄托精神的一种途径。明代一些文人士大夫通过创作隐逸题材的山水画来寄托心中的不满。受明代社会上文人山水画的影响，一些民窑开始在青花瓷上绘制山水图案，但开始时只是简单的勾勒填涂，较为生疏，不具备文人画的意境。然而，明代成化年间，一些民窑中出现了分水技法，开始时只有深浅两度色阶，但为青花山水画走向繁盛奠定了重要的绘画技法基础。

明代晚期，官窑关停，大量技艺娴熟的制瓷工匠流向南方民窑。这一时期，青花绘制技法产生了较大飞跃。具体这一时期的青花分水技法在绘制过程中，所用料水可分为五种色阶，即头浓、正浓、二浓、正淡、影淡，这一技法被称为“料分五色”。水色的区分，主要由青花料水在坯体上的沉积量体现出来。青花画面的发色不仅与料水制作有关，还与坯体的干湿、运笔速度的快慢、积水时间的长短等有一定的关系。明代晚期青花山水画的料分五色借鉴了文人山水画墨分五色的技法。

除此之外，明代晚期，一些文人为了逃避黑暗的社会现实，转而创作青花山水画，在一定程度上提升了青花山水画的创作水平。

清代初期，尤其是清康熙年间的分水技法达到了空前绝后的水平。这一时期青花料色阶不仅可以分为五色，还可以分为更多阶，甚至绘画技艺高超的工匠一笔即可分出多个色阶。伴随着工匠们分水技法的提升，青花山水画的表现臻于化境。清代中晚期，青花山水呈现出程式化的特点，逐渐走向衰落。

（二）青花山水画的意境美

青花瓷山水画创作的核心和灵魂是意境。“意境是艺术的灵魂，是客观事物精粹部分的集中，加上人的思想感情的熔铸，经过高度艺术加工达到情景交融，借景抒情，从而表现出来的艺术境界。”① 山水画意境的呈现离不开构图和笔墨。青花瓷山水画是以青花陶瓷的瓷坯作纸，在上面进行绘画。青花山水画意境的生成离不开构图、笔墨。

青花山水画意境美体现在三个方面，即布局的形式美、笔触的写意美、诗书画三绝美。

1. 青花山水画布局的形式美

青花山水画的构图、章法与文人画的布局相似，借鉴了中国文人画构图的特色，借助构图的疏密、虚实对比、明暗以及量感的变化体现意境。以清代

① 李可染．师牛堂艺语［M］．南京：江苏文艺出版社，2009：60.

康熙青花瓷潇湘八景图棒槌瓶为例。

该器型为侈口、束颈、溜肩、筒形长腹、二层台矮圈足，颈部凸弦，上、下饰回纹与如意纹。瓶腹部中间以回纹等图案隔开，上下各绘湖南潇湘二水四景，共绘八处胜景，所以称为“潇湘八景”，每景配书《浪淘沙》词半阕。上下半侧四景之间通过书法间隔开来。底部绘有青花双圈内横书“大明成化年制”双行楷字寄托款。

康熙青花瓷潇湘八景图棒槌瓶上的八幅山水画作具有较强的独立性，八景青花料色浓淡交错，每一景的构图都十分讲究疏密、虚实对比、明暗变化。例如，“洞庭秋月”景色中，使用浓重的青花料在左侧绘出悬崖、崖上的高阁、古树，以及湖水，而右侧上空则绘制了一片浮云，营造出皓月当空，虚淡浩渺的景象。画作之间的书法既独立，又与画作的意境相契合，书画相配，不仅使得瓶体的绘画意境更加鲜明和突出，同时丰富了瓶体画作的表现形式。

2.青花山水画笔触的写意美

青花山水画使用分水法将青料水匀净地填入纹样之中，这种技法较为严谨，通过一笔多色体现出景物的浓淡，借助笔触的轻重、提按、起伏、转折营造独特的画作意境。

以清康熙青花灞桥行旅图瓶为例。

灞桥风雪图是明代画家喜爱的绘画题材之一，明代的画家沈周、吴伟等均创作过《灞桥风雪图》。灞桥风雪图中除了山水景观之外，往往还绘有骑驴老者。

清康熙青花灞桥行旅图瓶短颈，直筒，平底，肩部有两个对称的铺首，耸额圆目，黑彩点睛，颌内贯通，原本应口衔金环，年长日久，失落难寻，内外施透明釉，釉色白中闪青，平底微内凹，无釉。

画面中大雪漫天，银装素裹，冰封溪流，山壑间飞瀑乍凝。一位高士稳坐驴背，风帽寒衣，颔首笼袖，驴儿踏雪缓行，轻蹄得得。其后有童子负物相随。灞桥两侧，古松参天，雪压枝头，重峦叠嶂，深远莫测。此外，画面的空白处用行书题写："奇花六出乱忙忙，分付家童整锦囊。行到灞桥驴背稳，得看新诗字字香。"[①] 笔迹浓淡相错，飞扬跳脱。落款为"庚辰仲冬日居易主人题"。时为康熙三十九年十一月间，序属仲冬。整个瓶身的画面采用了水墨画法，呈现出高远的意境。

3. 青花山水画的诗书画三绝美

青花山水画仿照水墨山水画的创作手法，将诗书画和谐地融为一体，呈现出诗书画三绝之美。

以康熙青花山水人物图方瓶为例。

该瓶造型特点为撇口、短颈、折肩、长方形直腹、方底内凹，通体青花装饰。颈部绘对称的竹枝纹，器腹四面分别绘"渔家乐""高士""江中饮酒""携琴访友"四幅图。其中，渔家乐和高士图上题有诗句。渔家乐图上方题"得鱼换酒江边饮，醉卧芦花雪枕头"诗句，末尾有一方形篆书"木石居"闲章。高士图上方题"庚午秋月写于青云居玩"纪年款，末尾钤"二詹"圆形篆体闲章。器底方脐内施白釉，署青花楷体"大明嘉靖年制"六字三行仿款。

康熙青花山水人物图方瓶的构图集山水与人物为一体，构图舒朗，色泽明净艳丽，浓淡有致，层次分明，笔法纤细有力，人物姿态各异，形象生动，淋漓尽致地表现了幽居闲适的意境。

禅宗主张过而不往，去来任之，是"自心""自性"的彻悟，即在瞬间顿悟的心境中发现"自心""自性"。禅宗美学所追求的禅境与意境在本质上存在一致性。

何谓禅境，即"老僧三十年前未参禅时，见山是山，见水是水。及至后来，亲见知识，有个入处，见山不是山，见水不是水。而今得个休歇处，依

① 铁源．明清瓷器纹饰鉴定：博古文字卷[M]．北京：华龄出版社，2002：173.

前见山只是山，见水只是水”[①]。意境诞生的三个阶段，也是禅境产生的三个阶段。

受禅宗美学的影响，青花山水画除了“一笔分五色”的分水技法之外，还具有崇尚韵味与情感的特点，追求空寂悠远的艺术境界。青花山水画对禅宗审美意境的追求集中反映了禅宗美学对青花山水画的影响。

① 林清玄．清欢玄想[M]．石家庄：河北教育出版社，2014：156.

第五章　中国古代陶瓷的理学思想研究

第一节　中国古代理学思想概述

儒家思想自先秦孔子和孟子之后，在历史发展的过程中，曾两次兴盛，一次是在汉代，汉武帝接受董仲舒的建议，罢黜百家，独尊儒术；另一次是宋代儒学的复兴，直接推动了儒家理学思想的壮大。本节主要对中国古代理学思想进行阐释。

一、理学的萌芽与发展

儒家理学的萌芽与发展经历了长期的历史过程。理，是孟子以及《易传》中提出的学术思想，具有条理、道理、准则之意。之后，庄子、荀子、韩非子从不同哲学视角对“理”的概念进行了解读。

秦汉时期，董仲舒、扬雄、王充等人在倡导儒学的过程中，曾对“理”进行论述，一方面“理”指客观事物的纹理、条理以及对社会的治理；另一方面理指事物当然的准则或事物自身的规律。

魏晋时期，我国儒、释、道思想进行了长期的争论与融合，逐渐形成了以儒家伦理思想为核心，吸收道家有关世界生成、万物化生观点和佛教唯心主义思辨哲学的局面，为理学诞生奠定了基础。

唐代思想家韩愈、李翱等人积极倡导儒家思想，为理学的诞生提供了理论基础。

北宋时期，一些儒学家面对内忧外患、积贫积弱的社会，通过兴斯文，穷义理的方式来重塑社会精神价值，赋予儒学新的生命力。理学是将抽象的理（即存在于自然界和人类社会的最普遍的道理、准则与事物规律等哲学含义）提到永恒的、至高无上的地位，称之为天理。

宋代是理学形成和发展的重要时期。宋代理学发展经历了三个重要阶段。

第一个阶段，北宋初年，儒家学者胡瑗、孙复、石介倡导“仁义礼乐为学”，继承儒家道统，义理解经，提供伦理道德，强调民本，尊崇王权，开宋代理学先河，被誉为“理学三先生”。

第二个阶段，北宋周敦颐、邵雍与张载三位思想家，继承儒家思想的同时，或从儒家思想着手或援道入儒，提出了独特的世界观，这些论断对北宋新儒学的发展与完善起到了极其重要的作用。

河南洛阳的程颢和程颐（又称“二程”）对先秦儒家的伦理道德思想进行阐释，将理作为哲学的最高范畴，提出了“万理归于一理”的命题，将天理作为世间最高本体和世界万物的本源。

世人将周敦颐、邵雍与张载以及二程并称为理学“北宋五子”。“北宋五子”中周敦颐、邵雍与张载的学说虽然具有一定的影响力，然而流传区域范围有限。程颢和程颐所倡导的“洛学”由于发扬先秦儒家思想和儒家正统学说而广为流传，为理学的进一步发展成熟奠定了重要基础。

第三个阶段，南宋朱熹在二程的理论体系之上，对理学思想进行了梳理，推动理学发展成熟。

纵观理学的起源、形成与发展，理学是古代儒释道思想长期相互论争和融合的结果，将理作为自然、社会和人生至高无上的原则，视理为世界本体和万物的派生者。理学作为“三教归一”的新儒学，以儒家伦理思想为核心，同时糅合了佛、道的思辨哲学，符合当时社会以伦理道德拯救衰世的价值观念和精神信仰。总而言之，理学的诞生、发展与成熟是当时社会政治、经济和文化的反映，也是历史产生的思维形态，而理学本身成了中国传统哲学思想的重要组成部分，对中国思想文化史产生了深远的影响。

宋代理学成熟后，在元代获得了较大发展。元代建立后，统治阶级为了巩固统治，采取了“尊孔崇儒”的多项“汉化”方针。理学在元代获得了较大发展，并实现了由民间学术向官学的转变。

明清时期，中国古代的封建君主专制统治空前强化，封建统治者为了巩固统治采取“八股取士”等政策。明代初期，理学获得了较快发展。此外，伴随着商品经济的发展以及资本主义萌芽的出现，兼之特殊的政治、文化背景，社会上涌现出一批具有敏锐思想、主张反传统的思想家。

例如，晚明清初的进步思想家李贽、顾炎武、黄宗羲、王夫之、阎若璩、颜元、惠栋、戴震等对封建君主专制制度以及理学为代表的儒家思想进行了猛烈批判和抨击。这些思想家的观点具有较强的启蒙性质，对宋明理学进行了总结性的批判，并且开创了新的哲学观点，倡导务实精神。

除此之外，清代中晚期，乾嘉学派、今文经学派以及晚清儒学等从不同视角对宋明理学进行批判，彰显出了鲜明的学术独立意识（图 5–1）。

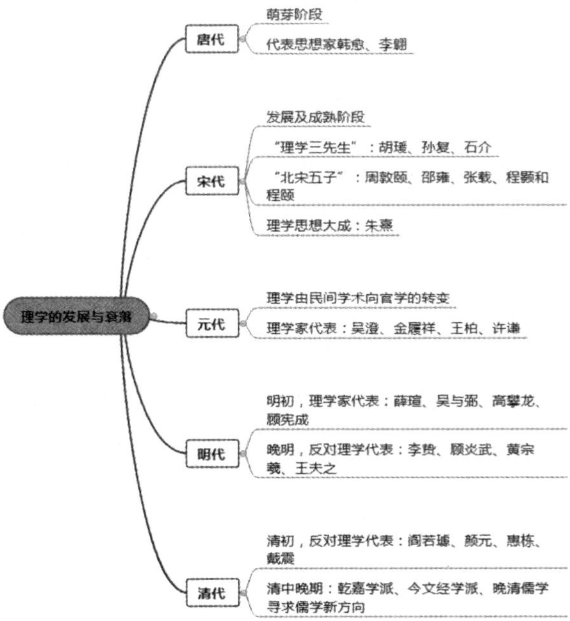

图5–1　理学的发展与衰落示意图

（资料来源：《中国美学精神》《宋明理学》《中国哲学史》等专著）

理学在明代初期的发展与晚明清代思想家和学者对宋明理学采取的批判态度，反映了明清时期学者对封建主义政治政治的批判，以及明清之际社会发展的进步方向，为中国古代哲学思想走出理学，走向近代思想产生了重要影响。

二、理学的思想精华和基本特征

理学思想自唐代萌芽至清代衰落，可划分为多个不同派别，而这些派别则统一于理学之内涵。

（一）理学的思想精华

1. 重视“道统”的一脉相承

“道统说”由唐代韩愈首先提出，由宋代朱熹发扬光大。道统与学统、政统三者统称为儒家文化的“三统”，三者之间存在相互依存、相互促进的关系，同时呈现出一定的矛盾与冲突特点。其中，道统尤其值得关注。道统是从学统、政统中分离出来的，注重行动和实践特征，是中国思想学术的系统和精髓，其中包含着文化的源头与传承，确定了自伏羲至孔孟及以下的道统谱系，是中国历史文化的中心和宗骨。

道统体现了以理学为代表的儒家学说对世道人心、人生、人性的探究，以及对社会、政治和理想人格境界的实践与追寻。道统也是中国传统历史上贤君良臣的德性行止的真实写照，其构成了一种政治典范和道德楷模，既是封建政治统治制度合法性的辩护，又对封建皇权专制进行制衡。

2. 重视思辨与体系建构

理学与先秦儒家思想相比具有较强的思辨性特点。理学以先秦儒家思想作为核心，批判地继承和吸收了中国历史上道家思想、玄学以及佛教的世界生成论以及思辨哲学。

自魏晋南北朝至隋唐，儒、释、道三家的思想一直处于不断的交流与碰撞之中。宋代儒家学者坚持以儒家学说为正统的同时，对其他学说采取了既否定又吸收的态度，因此与先秦儒家思想相比，理学的逻辑性更加严密。

理学与先秦儒家学说相比，已不再从属于伦理学说，其使伦理学哲学化，成为自然、社会、人生三位一体的哲学体系。伦理学说既是理学逻辑结构的贯彻，又是理学所指向的目标与宗旨。

理学提出了天理论，认为天理是独一无二的，世间万事万物均受天理的支配。天理是无形无象的形而上的存在，天理对世界万物具有决定作用。天理具有较强的伦理属性，君臣、父子、夫妇、长幼、朋友是儒家所谓的“五伦”，又称为“五常”，理学将五常视为人人必须遵守的法则，并且论述了“三纲”“五常”的合理性、必然性，建立了具有思辨性和系统性的哲学思想体系。

3. 强调格物致知论

理学家在对世界和人进行哲学观照时，侧重道德的本体性，而非对世界万物，尤其是自然的冷静观察和探究认识，倡导借助“致知格物”的手段获取对道德天理的认识，以便达到“豁然贯通”的“合内外之理”的境界，将道德认识主体引向道德实践的自愿自觉。

理学家根据《大学》中的“格物、致知、诚意、正心、修身、齐家、治国、平天下”提出了“格物而后知至，知至而后意诚，意诚而后心正，心正而后身修，身修而后家齐，家齐而后国治，国治而后天下平”① 的理论。格物是致知的基础，致知则是格物的目的与深化。

（二）理学的基本特征

纵观我国古代的理学思想，具有以下特点

（1）以不同方式为发源于先秦的儒家思想提供了世界观、本体论的论证，

① 朱熹．四书集注 [M]. 长沙：岳麓书社，1985：4.

确立了以“理”为本体的形而上学理论体系。

理学的首要特点就是确立了以“天理”为本体的形而上学的理论体系。古代理学的主流学派是以程朱理学为代表的“性即理”学派，以及以陆王为代表的“心即理”派。这两个学派均将“理”视作超乎自然的、世界的主宰。理学确立了“理”的本体地位，并且在论证“理”的过程中使得儒家学说具有了强大的哲学思辨性，显示出博大精深的气象。

（2）以儒家的圣人为理想人格，以实现圣人的精神境界为人生的终极目的，高度强调和重视个人道德修养。

古代理学思想强调修齐治平相统一的“内圣外王”的理想。理学思想家既重视“齐家、治国、平天下”的外王事功，同时也重视“修身”的内圣之德的圆满，将“修身”置于“齐家、治国、平天下”之前。

北宋张载提出了“为天地立心，为生民立命，为往圣继绝学，为万世开太平”，既是理学家的自我期许，也成为文人士大夫的最高精神追求。

除了张载之外，理学的其他思想家也极其重视个人道德修养。朱熹指出：“身修，则家可教矣；孝、悌、慈，所以修身而教于家者也；然而国之所以事君事长使众之道不外乎此。此所以家齐于上，而教成于下也。”[①] 修身是实现修己安人，内圣外王的关键。修身需要以格物、致知、诚意、正心作为基本前提，以实现“内圣外王”的理想。

（3）实现儒释道的融合统一。

自魏晋以来，儒释道三种思想不断对立和融合，理学则以先秦儒家的伦理道德思想作为基础，在对佛道二教进行批判的同时，吸纳了其中的有益观点，通过汲取佛学思想，把儒家的伦理哲学深化与归结为修身养性的学说，完成了对先秦儒家思想的发展与超越。

① 朱熹．四书集注[M]．长沙：岳麓书社，1985：12.

三、理学美学特征

中国传统哲学与美学之间存在着极其紧密的联系，美学思想建立在哲学思想的基础之上，是从哲学思想中提炼出的审美理论。理学美学是中国古典美学的重要组成部分。在这里主要对理学的美学特征进行阐释。

（一）理学美学具有理性思辨色彩

理学是一种具有较强思辨属性的学科，其以儒家思想为基础，融合了道家和佛家的智慧。理学的这种三教合一的特点对理学美学产生了较大影响。理学是一种强调理性主义的道德人文主义哲学，通过哲学化的眼光观察世界，对世界运行的规律进行探索，进而在此基础上形成对社会和人的规范要求。

理学美学在理学哲学的基础之上，对世界本体中呈现出来的美学特征和美学规律进行探索，其中包括对美学主体、美学客体，以及美学形式的探索与表达。

理学美学超越了简单的对人与自然的关注，以及对社会的关注，而是以形上为真，对自我主体进行消解后，获得无我而大我的至真自然之乐，摆脱局限，深入世界本体中去，对人与世界的关系进行探索，呈现出强烈的理性思辨色彩。

（二）理学美学具有伦理美学的特点

理学思想是儒释道三者融合而形成的新儒学，以儒家伦理道德思想作为基础与核心，并不断朝着更高层次领域精神探索发展。与传统儒学相比，理学的逻辑化、系统化和体系化趋势更强。同时，理学强调以“社会伦理道德”对社会进行治理。

受理学哲学观念的影响，理学美学一直十分注重审美的理性原则和教化功能，将道德的功利性以及审美的超功利性融为一体。理学家眼中的美，与真、善、诚、仁、乐密切相关，共同构成伦理的本体境界。当美与真、善、诚、仁、乐融合在一起时则实现心理合一，达到致良知的境界。①

理学思想家认为："理"本身具有融真、善、美于一体的特点，既包括形而上本体上"自然而然"的真，又包括伦理道德"理所当然"的善，还包括以善为前提的美，并且"理"所指向的天人合一的和乐境界也是涵融真、善、美的和乐境界。②

理学美学在对美的本体论进行研究、在探究美的本质的同时，倡导通过美的功能来达到人生至高的道德审美境界。由此可见，理学美学思想具有伦理美学的特点。

（三）理学美学倡导天人合一的境界

理学思想家在对"理"的本质进行分析时，对"气"进行了分析，并将"天人合一"作为理学家追求的最高理想境界。在"天人合一"境界下，借助直觉认识与自我体验可与世界本体结合，实现人与自然的有机统一，而这通常为主体能够达到的最高境界。

理学思想家所倡导的"天人合一"与中国古代传统哲学视角下的"天人合一"的概念不同，其在传统天人合一的天地境界基础之上，将道德境界与天地境界结合在一起，核心是具有整体性的道德境界。因此，理学思想家所谓的"天人合一"境界中的"天"，即是指"理"。理学思想家提出天人合一境界的根本目的是更好地建立伦理模式。理学思想家倡导的"天人合一"的境界与理学美学中对"乐"的体验充分结合在一起。

综上所述，理学美学与中国其他古典美学思想相比，具有较强的理性思辨性、伦理美学和境界美学特点，追求自然与精神和谐发展的自由之境。

---

① 李泽厚 . 中国古代思想史论 [M]. 北京：生活·读书·新知三联书店，2017：218.

② 陈望衡 . 中国古典美学史：上卷 [M]. 南京：江苏人民出版社，2019：753.

第二节　理学思想对中国古代陶瓷功能的影响

理学思想对社会文艺创作和器物制作产生了较大影响。陶瓷作为我国的传统器物，其制作受社会哲学思想的影响较大。本节主要对理学理想对中国古代文房用陶瓷的影响进行详细分析。

一、古代文房陶瓷的发展及特点

文房陶瓷有广义与狭义之分，广义的文房陶瓷指文人书斋中一切陶瓷材质的文化器具和陈设器具的统称，包括陶瓷花瓶、陶瓷香炉、陶瓷屏、陶瓷凳等；狭义的文房陶瓷则专指文人书写、阅读、吟诗、作画时使用的陶瓷器具，具体包括陶瓷笔筒、陶瓷笔搁、陶瓷笔架、陶瓷砚台、陶瓷砚滴、陶瓷水盂等。本书所指的文房陶瓷取其狭义概念。

我国古代文房陶瓷类型多样，大体可划分为笔用类、墨用类、纸用类、砚用类，以及其他类型。古代文房陶瓷历史悠久，早在汉魏时期即出现了陶瓷材制的砚台。西晋时出现了陶瓷砚台、陶瓷水盂、陶瓷笔筒等文房用具，如蛙形陶瓷水盂等。总体上来看，这一时期，我国的陶瓷文房用具类型和数量较少，处于陶瓷文房用具的兴起阶段。

唐宋时期，陶瓷文房用具进入发展阶段。随着隋代科举制度兴起，至宋代科举制度日益完善，陶瓷文房用具的种类和数量获得了快速发展。例如，宋代陶瓷文房用具类型丰富，包括臂搁、水注、笔筒、瓷砚、瓷镇、笔洗等，其中仅笔洗就包括圆形洗、单柄洗、三足洗、折沿洗、鼓钉洗、桃式洗和葵瓣式洗等多样化造型。

明清时期，古代陶瓷文房器具发展进入鼎盛阶段。明清时期，伴随着社会商业和手工业的蓬勃发展，民间经济不断繁荣发展，文房用具除了文人雅士之外，还受到封建贵族和新兴的商人阶层的喜爱。伴随着文房用具使用人群的扩大，人们对文房用具的追求越来越高，要求实用性的同时，也开始强调美观性和欣赏价值。明清时期的文房用具类型包括笔盒、笔洗、印盒、水丞、臂搁、水盂、砚台、镇纸等，文房用具的陶瓷工艺也不断丰富，涵盖青花、五彩、斗彩、粉彩、金彩、珐华、蓝釉、洒蓝釉、乌金釉、豆青釉、霁红釉、天蓝釉、哥釉、青花釉里红、白地墨彩、黄绿紫三彩、黄地三彩、绿地三彩、紫地三彩、墨地三彩、红绿彩、孔雀绿釉、郎窑红釉、瓷胎漆嵌螺钿等。

以清代乾隆时期为例。

清代早中期，陶瓷烧制工艺的提高，手工业和商业的繁荣，以及封建帝王的关注和热爱，推动陶瓷文房器具快速发展。

清代乾隆帝酷爱工艺美术品，刻意求精、求奇、求巧，促进了陶瓷文房用具的长足发展。纵观清代乾隆时期，陶瓷文房用具的类型、功能日益丰富（表 5-1）。

表5-1　清代陶瓷文房用具一览表

序号	类型	功能	造型	装饰特征
1	陶瓷印泥盒	盛放印泥的工具	几何形（四方形、长方形、长方委角形）、圆形、椭圆形、方形	
2	陶瓷笔筒	盛装毛笔的工具	方形（四方形、六方形、八方形）、双联形、仿生形	
3	陶瓷笔洗	洗刷毛笔的工具	仿生形（荷叶式、葡萄叶式、海棠叶式等，叶子形）、几何形	

续　表

<table>
<tr><th>序号</th><th>类型</th><th>功能</th><th>造型</th><th>装饰特征</th></tr>
<tr><td>4</td><td>陶瓷笔掭</td><td>将毛笔笔头的笔毛理顺或者用来看墨的深浅的文房用具</td><td>几何形、仿生形（树叶、荷叶）</td><td rowspan="7">装饰题材多样，具体包括景物纹饰类（云纹、水纹、山水阁楼纹、博古文字纹饰、吉语纹饰、诗文纹、花卉纹）、动物纹饰类（狮纹、蝠纹、鱼纹、龙凤纹、鸟纹、鸡纹）、图案纹饰类（八卦纹、暗八仙纹、锦文）、人物纹饰类（婴戏图、历史人物图、高士图、神话人物图）</td></tr>
<tr><td>5</td><td>陶瓷墨床</td><td>放置墨锭的小器物</td><td>几何形、仿生型（书卷式、床式、几案式、多宝格式）</td></tr>
<tr><td>6</td><td>陶瓷臂搁</td><td>书写时将手臂放置于上，防止墨迹弄脏衣袖或纸面，也可作为镇纸使用</td><td>圆筒形、竹节形</td></tr>
<tr><td>7</td><td>陶瓷砚滴</td><td>在研磨的时候盛水以及滴水入砚的器具</td><td>仿生造型（莲蓬式、蟾蜍式等）</td></tr>
<tr><td>8</td><td>陶瓷水丞</td><td>研墨时的盛水用具</td><td>几何形、双联形、仿生形</td></tr>
<tr><td>9</td><td>陶瓷笔架</td><td>搁放毛笔的文房用具</td><td>仿生形</td></tr>
<tr><td>10</td><td>陶瓷笔杆</td><td>笔的柄杆，陶瓷制笔杆便于书写时更好地执笔和受力</td><td>圆筒形</td></tr>
</table>

资料来源：《中国陶瓷文化史》《中国陶瓷史》《中国陶瓷设计史》《中国仿生陶瓷造型设计研究》等专著。

纵观古代陶瓷文房用具，类型丰富，功能多样，装饰题材丰富，呈现出材美和工巧相结合的特点，具有较强的实用性，同时还兼具观赏价值、工艺价值、人文价值，反映了古代文人意趣，蕴含着独特的理学思想。

二、理学思想对古代文房陶瓷的影响

古代文房陶瓷用器具有材质美和工巧美的特点。古代陶瓷文房用器作为独立于陶瓷礼器、陈设器，以及面向所有人群的陶瓷日常用具之外的器具，是一种专门面向文人士大夫阶层的陶瓷器具，具有独特的物质功能和精神功能。

古代陶瓷文房器具在设计上延续了我国“融道于器”“器以载道”的造物设计理念。宋明理学思想对古代文房陶瓷的造型、功能、装饰产生了较大影响。

（一）宋明理学“天人合一”的思想对文房陶瓷造型的影响

宋明理学思想中蕴含着“天人合一”的精神，形成了“天人合一”的美学特征，古代文房陶瓷的造型中蕴含着较强的天人合一的精神。古代文房陶瓷起初的功能主要是满足文人的基本实用需求，而随着慢慢发展开始兼具实用功能和审美功能。

宋明时期，伴随着陶瓷烧制工艺的不断发展，文房陶瓷的制作越来越精巧，出现了大量仿生类陶瓷。清代文房陶瓷在继承前代文房陶瓷造型的基础上，追求新、奇、巧，进一步推动了仿生文房陶瓷的发展。从表 5-1 中可以看出，清代乾隆年间的 10 种文房陶瓷用具中，除了陶瓷笔杆之外，其他文房陶瓷的造型均包含仿生造型。

以陶瓷笔搁为例。

笔搁又称为笔架，作为文房中放置毛笔的专用器具，通常设计成为山形，或八仙、寿星、王母等人物故事形，以及莲花、灵芝、莲藕，或动物造型，等等，极具自然意趣。

大量仿生文房陶瓷的出现，在增强文房陶瓷赏玩功能的同时，蕴含着社会关注自然、向往自然，倡导天人合一的理学思想。

（二）宋明理学的理性思辨思想对文房陶瓷体积、功能的影响

宋明理学倡导理性思辨思想，反映在器物制作方面，既强调器物的实用性，又强调器物的美观性。文房陶瓷的功能强调“适”的特点。这里的“适”指适用，既强调文房陶瓷的实用价值，又强调“适时”“适境”“适人”等美

观以及以人为本的特点。在强调以人为本的特点之外，人们还结合陶瓷的工艺美、材质美，将理性思辨纳入文房陶瓷的创作之中，不断求新、求奇、求巧，才最终成就中国古代蔚为大观的文房陶瓷器具。

文房陶瓷的“适时”是指文房陶瓷的造型、装饰应符合特定的时间。古代先民强调顺应自然发展的规律，倡导“四时”观念，陶瓷造型和装饰均强调较强的“适时”特点。

以陶瓷笔筒为例。

陶瓷笔筒的造型和装饰类型丰富，其中即包括花卉装饰和山水图样装饰等。陶瓷笔筒的四时花卉和四时山水装饰图样则具有较强的适时性特点。

文房陶瓷的“适境”是指文房陶瓷的功能和造型应当适用于书房的整体环境。书房作为文人雅士读书或书写、绘画的专门场所，通常呈现出静谧、雅致的氛围，以适应文人意趣。文房陶瓷作为文房中专门使用的器具，无论其功能如何，都应融入文房环境，体现出文雅的特点。

文房陶瓷的“适人”是指文房陶瓷应坚持以人为本的原则，从人的需要出发。文房陶瓷作为书房中不可或缺的小器具，为了适应纸、笔、书写和绘画的需要，体积通常较小，具有小而适中，小而雅致的特点。

例如，陶瓷笔搁，作为书房中放置毛笔的器具，其大小应根据毛笔的体积进行设计。古人在书写或绘画时所用的毛笔的型号不同，然而普遍较小，以适应人的手形和用途。受毛笔型号的影响，陶瓷笔搁的造型通常较小。又如，陶瓷砚滴的功能，通常是在磨墨时往墨中添水，一般不需盛放太多水，因此，陶瓷砚滴的造型较小。

在兼顾人的物质需求的同时，文房陶瓷还应照顾人的精神需求，不断提高审美功能。

文房陶瓷虽然并非陈设陶瓷，然而，作为文房中置于书案之上的器物，也应具有较强的审美功能，以体现文房主人的趣味和爱好。

尤其是明清时期，伴随着陶瓷烧制工艺越发成熟，为了满足明清时代封建帝王、文人士大夫以及爱好文玩器具的商人的需求，陶瓷工匠烧制出众多形美、新奇的文房陶瓷器具。

综上所述，文房陶瓷“适”性特点，反映了文房陶瓷既注重物质功能，又注重精神功能的特点，蕴含着宋明理学的理性思辨色彩。

第三节　理学思想对中国古代陶瓷造型的影响

陶瓷造型是陶瓷物质功能和精神功能得以实现的基础和依托，本节主要对理学思想对中国古代陶瓷造型的影响进行详细分析。

一、理学思想对宋代陶瓷简约化造型的影响

理学倡导格物致知，追求义理，通过发掘自然和社会现象的内在本质规律，获得知识和思考。此外，理学家注重伦理道德，追求理性之趣，反映在器物制造思想上，则形成了理学崇尚简约，倡导内敛、朴素和保守的造物观。

以宋代日用陶瓷器型为例。

理学思想萌芽于唐代，形成和兴盛于宋代，在元明时期得到广泛传播。宋代为理学思想形成和成熟的关键时期，宋代理学的形成对社会各个方面产生了较大影响。日用陶瓷作为人们日常生活中不可或缺的器物，其造型亦受到理学思想的深远影响。

梅瓶是中国传统陶瓷器中一种富有民族文化特色的器型。关于梅瓶的起源，众说纷纭，在宋代之前，具梅瓶形制特点的器物应当已经出现，然而直到宋代才出现成熟的梅瓶器型。

宋代梅瓶以小口、短颈、丰肩、修腹、窄胫为特点，造型简洁、优美而

不失灵巧和稳重，以实用功能为主，多作为盛器使用。自宋代出现后，梅瓶成为历朝历代陶瓷制作过程中常见的造型，但受时代审美的影响，梅瓶的造型风格和功能也发生了相应变化（表 5-2）。

表5-2　历代梅瓶造型风格及特点一览表

朝代	窑口	风格	特点
宋代	定窑、汝窑、官窑、哥窑、钧窑、磁州窑、耀州窑、龙泉窑、景德镇窑	挺拔高雅	北方梅瓶普遍较高，南方梅瓶普遍矮小。瓶口类型多样，具有小口外卷、蘑菇形口、斜梯形口、卷唇口等类型 根据肩部线条弧度可划分为圆弧肩、方折肩、圆折肩等类型
元代	景德镇窑等	粗犷豪放	小口外折呈平口，短颈加高，上细下粗呈梯形，肩部浑圆丰满，胫部比宋代梅瓶增大，足部微外撇，造型整体上给人一种饱满雄伟之感
明代	景德镇	雄健稳重	梅瓶的口部主要有盘口、唇口、平口等；梅瓶颈部与口部造型有束颈盘口、短颈小盘口、直颈唇口等类型
清代	景德镇	奇巧秀美	造型风格各异，类型丰富

资料来源:《中国陶瓷历史地理》《中国古代陶瓷所体现的造物艺术思想》等。

纵观中国古代梅瓶的造型，呈现出千姿百态，变化多端的特点。从总体上来看，梅瓶具有圆满美和典范美，以及寓理于美的特点。在这里重点对梅瓶的理性美、秩序美进行阐释。

（一）梅瓶造型中蕴含的理性之美

古代理学倡导理性之美，追求理性之趣。理性美与自然美、社会美以及艺术美不同，其不是现实之美，而是一种揭示自然界本质和自然规律的抽象美，具有内在性、理智性和逻辑性的特点。

梅瓶的造型设计受功能、材料以及烧制工艺的约束与影响，是功能性和艺术美结合的典范。梅瓶造型与古代陶瓷工匠对自然规律的认识以及将自然规律抽象为造物的理性思想，并在造物时坚持这一自然规律有着直接关系，反映了我国古代劳动人民在劳动中发现规律、认识规律，并将其应用于实践、指导实践的过程。

梅瓶各个部位的造型尺寸、比例以及轮廓曲线均是由古代工匠经过不断实验，以及理性调整后最终形成的，体现出了古代工匠在梅瓶制作过程中的理性抽象思维，反映出了梅瓶造型中蕴含的理性美。

（二）梅瓶造型中蕴含的秩序美

梅瓶简单、和谐的造型中蕴含着有规律、成比例的对称之美。梅瓶造型的秩序美主要表现在以下几个方面。

（1）梅瓶造型的对称美。梅瓶造型中心轴对称，从中心点对梅瓶进行竖切，可以获得完全相等的两等份。梅瓶的横切面是圆形，圆形属于中心对称图形和轴对称图形。由此可见，梅瓶造型具有对称美的特点。

（2）梅瓶造型的渐变节奏美。梅瓶的整体造型呈现出较强的渐变节奏。从上至下来看，梅瓶的造型具有由小到大的特点。梅瓶整体的线条极其流畅，造型轮廓线呈现出规律性变化特点。从口颈部至肩部，再过渡到腹部，最后过渡到底部，轮廓线为曲线形，变化渐进，有规律，富于较强的节奏美和韵律美。

（3）梅瓶造型的和谐美。梅瓶造型的整体呈现出规律性、节奏性的变化，因此造型显得和谐而自然。此外，梅瓶造型的尺寸、大小，以及各个部分的比例均较为和谐，符合人体的生理结构。

二、理学思想对古代陶瓷实用造型的影响

宋明理学倡导理性精神、求实精神，主张通过“格物”的方式“致知”。受宋明理学这一思想的影响，宋代日用陶瓷造型呈现出以实用为主的特点，出现了许多实用的陶瓷器型，如陶瓷省油灯。

省油灯是中国古代先民在长期的实践中研制的一种特殊的陶瓷灯具。我国省油灯可追溯至唐代，邛窑、长沙窑、景德镇窑、建窑、龙泉窑等窑口均发现了省油灯的生产。之后，省油陶瓷灯一直延续至明清时期。

宋代，科举制度日益完善，文人士大夫社会地位提高，省油灯由于实用价值较高，备受读书人的欢迎，在宋代获得了较快发展。

《陆放翁全集·斋居纪事》中：“照书烛必令粗而短，勿过一尺。粗则耐，短则近。书灯勿用铜盏，惟瓷盏最省油。蜀有瓷盏注水于盏唇窍中，可省油之半。灯檠法，高七寸，盘阔六寸，受盏圈径二寸半，择与圈称者。”[①] 除了《斋居纪事》中的记载之外，陆游的《老学庵笔记》中也对省油灯的造型进行了详细讲解。

省油灯在使用时将水注入油灯边缘的小盏内可降低油灯燃烧时的温度，从而达到照明兼省油的目的。自唐宋之后，历朝历代省油灯的造型随时代审美思想而发生了些许变化，并衍化出新的陶瓷灯具造型，对古代日用陶瓷灯具造型和功能产生了较大影响（表 5-3）。

表5-3　省油灯历代特点及其演变一览表

朝代	窑口	特点
唐代	十方堂窑和琉璃厂窑	十方堂窑省油灯的弓形柄多位于盏面；琉璃厂窑省油灯的弓形柄多位于腹侧，或不置弓形柄

① 陆游．陆放翁全集［M］．北京：中国书店，1986：73.

续 表

朝代	窑口	特点
宋代	景德镇湖田窑	侈口，圆唇，浅腹，双层腹壁，外腹壁模印两层莲瓣纹，足沿也模印莲瓣纹
	福建建窑	小盏与小碗相叠而成，盏内有泥条纽，盏碗结合处有一三角形注水孔
金元	龙泉窑	敞口，碗形灯身，灯檠较长，高圈足外撇，灯内中心置圆柱形捻柱，外壁横开二圆形小孔与夹层相通
明清	景德镇窑、龙泉窑、福建大口窑、北旗窑、义窑	高足杯形省油灯

资料来源:《唐宋时期邛窑省油灯设计研究》《省油灯小考》等。

明清时期，陶瓷灯具更加繁盛，各种造型和装饰的陶瓷灯具层出不穷，样式精美，功能多样。例如，受科举制度影响而出现的书灯则专供读书人夜间攻读使用，不仅可以照明且造型优雅，内含乾坤，颇受读书人欢迎。

纵观历史上的省油类灯的造型，大体可划分为壁孔式、注孔式、重叠式、敞开式、高足式等。

第四节 理学思想对中国古代陶瓷装饰的影响

理学思想对中国古代陶瓷装饰的影响体现在构图方式、纹饰以及釉色等多个方面。本节对这些影响逐一进行解读。

一、理学思想对中国古代陶瓷装饰构图方式的影响

宋明理学倡导“格物致知”的思想，将“理”作为世界的本源，认为“万物

皆有理”，通过格物的方式，把握事物内在的理。受宋明理学这一思想的影响，社会上逐渐形成了以小见大的思维方式和审美方式。这种方式对宋明两代的绘画创作产生了较大影响。纵观宋代绘画构图与题材与唐代相比发生了较大变化。

以宋代张择端的《清明上河图》为例。

整幅画通过事无巨细的细腻刻画，展现了宋代城市的繁华和乡间民情，整幅画作很难指出哪一处是视觉中心，然而又无处不令人神往，反映出以小见大的审美思维。除了《清明上河图》之外，李嵩《货郎图》、马远《水图》、李唐《牧牛图》等的绘画视角均为自然界中普通的事物，或日常生活中常见的景象（表 5-4）。

表5-4 唐宋绘画思想与题材区别一览表

<table>
<tr><th>类别</th><th>唐代</th><th>宋代</th></tr>
<tr><td rowspan="3">绘画思想</td><td>注重客观对象的创作论</td><td>注重创作主体的修养论</td></tr>
<tr><td>赞赏动态的、热烈的、浪漫的美，倡导绘画天才论和灵感说</td><td>赞赏静态的、平和的、现实的美，倡导绘画应日积月累地了解和积累，经由外物触发而获得灵感</td></tr>
<tr><td>重视抒情，具有强烈的抒情性</td><td>重视理性，言理而不言情</td></tr>
<tr><td rowspan="2">绘画题材</td><td>宗教题材为主</td><td>世俗人物、历史故事、风俗画</td></tr>
<tr><td>重视人物题材</td><td>重视山水、花鸟题材</td></tr>
<tr><td>绘画风格</td><td>雄强风格，呈现出特有的精神、气势和野性</td><td>柔和风格，呈现出恬静、工细和精巧</td></tr>
</table>

资料来源:《论陶瓷绘画艺术的意境美学》《两宋时期绘画艺术传播研究》《生态视野下的宋代绘画》等。

陶瓷装饰受绘画艺术的影响，相应形成了以小见大的审美方式，在绘画思想上追求理性，在绘画题材上侧重山水和花鸟，内容以世俗人物、历史故事、风俗画等为主。

纵观宋代陶瓷装饰纹样，其大体可以划分为植物、动物、人物、几何、开片五种类型。这五种类型中的开片纹饰属于陶瓷烧制过程中形成的特殊纹理，在陶瓷装饰中通常单独存在。在植物、动物、人物和几何装饰纹样中，前三种装饰纹样为主，几何装饰纹样属于辅助类纹样。动植物和人物纹饰往往通过各式各样的组合而构成意趣盎然的近景小品画面（表 5–5）。

表5–5　宋代陶瓷装饰纹饰特点一览表

<table>
<tr><th>类型</th><th>使用方式</th><th>题材</th><th>组合</th></tr>
<tr><td>植物</td><td rowspan="3">主要纹饰</td><td>牡丹、荷花、葵花、菊花、梅花、兰花</td><td rowspan="3">组合成水波荷花纹、双鸭戏荷纹、荷花双鱼纹、婴戏牡丹、单婴戏梅花竹叶、青梅竹马婴戏、五婴戏犬、水波童子立莲、水波人鱼等近景小品纹样</td></tr>
<tr><td>动物</td><td>瑞兽（龙、狮子、麒麟）、珍禽（凤凰、仙鹤、鹿）、昆虫（蝴蝶、飞蛾）、水族（游鱼、海螺、海兽）等纹样</td></tr>
<tr><td>人物</td><td>婴戏人物（婴戏牡丹、单婴戏梅、双婴戏梅）、人物生活（母子蹴鞠、人物手持植物花卉）</td></tr>
<tr><td>几何</td><td>辅助纹饰</td><td>回纹、线纹、山石纹、曲水纹、如意纹、串珠纹</td><td>与主要纹饰进行组合</td></tr>
<tr><td>开片</td><td>单独存在的纹饰</td><td>蟹爪纹、鱼子纹</td><td>不与其他纹饰相组合</td></tr>
</table>

资料来源:《中国古代陶瓷纹饰》《常用陶瓷装饰纹样》《明清瓷器纹饰鉴定》等书籍。

宋代陶瓷装饰中的植物纹样可单独存在，然而与唐代相比，宋代陶瓷装饰中的植物纹样呈现出简约化的趋势。

以牡丹纹样为例。

唐代陶瓷器上的牡丹纹样多使用印花、刻花、划花或彩绘装饰手法，牡丹图案较为简单。北宋初年，陶瓷器上的牡丹纹饰以枝叶繁密的风格著称，花叶肥大。南宋时期，随着理学思想逐渐走向成熟，其对陶瓷装饰产生了较大影响。南宋陶瓷器上出现了减笔牡丹纹样，注重装饰纹样的秩序性和留白艺术。

除了单独存在之外，宋代陶瓷器上的动植物与人物纹饰常以组合的方式出现。常见的陶瓷组合纹饰包括水波荷花纹、双鸭戏荷纹、荷花双鱼纹、婴戏牡丹、单婴戏梅花竹叶、青梅竹马婴戏、五婴戏犬、水波童子立莲、水波人鱼等。这些组合纹的构图均属于近景小品纹样，反映当时的社会生活。

综上所述，受宋明理学思想的影响，宋代陶瓷装饰逐渐朝着简化的方向发展，装饰部位逐渐从繁密朝着疏朗开阔的趋势转变，通过以小见大的方式构图，以近景小品的描绘替代了全景、远景的描绘。

二、理学思想对中国古代陶瓷纹饰的影响

理学思想以道德伦理作为核心，强调以“三纲五常”为代表的道德秩序。受理学这一思想的影响，宋元明清时期的陶瓷纹饰产生了较大变化。

（一）理学思想对中国古代瓷枕纹饰的影响

瓷枕是中国古代日用器具之一，中国古代的瓷枕不仅是一种实用器具，还具有独特的艺术特色。中国古代枕具文化源远流长，最早可追溯至殷商时期。枕具根据功能可划分为药枕、凉枕、箱枕、脉枕、臂枕、耳枕、腕枕、颈枕等类型，按照材质则可分为硬质枕具和软质枕具两种类型。陶瓷枕属于硬质枕具。中国古代瓷枕是古代夏令的主要寝具，造型丰富，且其装饰极具艺术性。

古代的陶瓷枕可划分为陶枕和瓷枕两种类型。瓷枕起源于隋唐时期，两宋和金元时期达到鼎盛，明清时期则逐渐趋于没落（表 5-6）。

表5-6　古代瓷枕造型装饰一览表

朝代	造型	装饰技法和风格	装饰题材
唐代	以长方形枕为主，唐代晚期出现了圆角长方形枕、如意形枕、束腰形枕、元宝形枕和兽形枕等	以素面为主，装饰	题材以花草纹饰、诗词纹饰等为主
宋代	长方形枕、银锭形枕、椭圆形枕、多角形枕、腰圆形枕、多角形枕、如意头形枕、人物枕、兽形枕、马鞍形枕、建筑枕等	装饰技法复杂，重视装饰画面的意境	枕面装饰题材生活气息浓郁，具有朴实、自然、真切的特点
金代	椭圆形枕、豆形枕、八角形枕、如意头形枕、扇形枕、长方形枕	枕面开光，开光内绘有构图简洁、明快的主题纹饰	枕面开光纹饰题材以花鸟、动物、婴戏、马戏、熊戏、诗文为主，枕体周壁装饰有卷草纹，少数为单株草叶纹或素面
元代	长方形枕	除枕底外，其余五面均绘有主题纹饰	装饰题材包括山水风景、花鸟瑞兽、墨竹、花卉、诗文
明代	如意头造型、蝴蝶枕、孩儿枕	青花装饰为主	装饰题材以缠枝莲等为主
清代	长方形枕、元宝枕、人物枕、银锭形枕、兽形枕等	装饰技法多样	装饰题材丰富，寓意吉祥

资料来源：《中国古代陶瓷》《宋元陶瓷枕的考古学研究》《陶瓷枕具研究》《中国古代瓷枕初步研究》等。

中国古代瓷枕的装饰手法多样，装饰纹样较为丰富。中国古代瓷枕的装饰纹样中蕴含着深刻的理学审美思想。

理学以伦理道德作为“天理”基础，强调通过对大众的伦理道德教化来达到维护封建社会秩序的目的。受理学思想的影响，瓷枕的装饰纹样中蕴含着丰富的伦理道德思想。

例如，婴戏纹是古代瓷枕的主要装饰纹饰之一。一般而言，婴戏纹中的婴儿多为男婴，体现了理学倡导的人伦道德中对多子多孙多福气，祈求人丁兴旺思想的重视。

此外，古代瓷枕纹饰大多寓意吉祥，具体可划分为祈求喜事多临；祝福健康长寿；祝福婚姻美满；祈盼生活富裕；期望国家安定的主题。除了吉祥题材之外，还存在民俗文化题材、风物隐喻题材等类型。无论哪种类型的瓷枕纹饰，均深受儒家理学伦理道德的影响。

例如，国家安定纹饰。儒家理学倡导“修身齐家治国平天下”，通过五常思想加强社会人伦道德秩序，牢固树立“家国天下”的理念，以此达到社会稳定，巩固封建统治的目的。瓷枕上的国家安定纹饰包括古诗文纹、凤瑞鸟纹等。其中古诗文纹样大多书写有“家国永安”等字样，体现出人们对国家昌盛、富强、家园和平的期盼。

又如，民俗文化题材中的戏曲杂剧纹饰，通常以戏曲杂剧的故事核心作为依据。戏曲杂剧故事多以民间故事和历史故事、神话传说作为蓝本进行编写，其中蕴含着较强的伦理道德思想。这些伦理道德思想反映在瓷枕上体现出强烈的伦理教化的意蕴（表 5-7）。

表5-7　瓷枕纹饰题材一览表

题材	寓意 / 类型	纹样
吉祥题材	喜事多临	喜鹊报喜纹样、莲花纹样、吉祥诗文纹样等
	健康长寿	鹿纹、龟纹、吉祥诗文纹样等
	婚姻美满	鸳鸯纹、蝴蝶纹、古诗文纹样等
	生活富裕	鱼藻纹、花草组合纹、古诗文纹样等
	国家安定	古诗文纹样、凤瑞鸟纹等

续 表

题材	寓意 / 类型	纹样
民俗文化题材	马术、蹴鞠等	马术纹、蹴鞠纹等
	民间寓言	苏东坡醉游水晶宫等
	历史神话故事	西游记等
	戏曲杂剧	白蛇传戏曲人物纹样、广寒宫戏曲人物纹样、八仙庆寿戏曲人物纹样、薛仁贵返乡寻妻人物纹样等
风物隐喻题材	植物隐喻	牡丹纹——隐喻尊贵、荣华、幸福、美好、繁荣、昌盛 菊花纹——隐喻情操圣洁高尚、意志坚强不屈 梅花纹——隐喻傲寒留香，传春报喜 莲花纹——隐喻虚心正直、清廉圣洁，不与邪恶势力同流合污的高尚道德者 竹纹——隐喻荒野不贱，临强不屈的仁人志士、道德君子等

资料来源：《中国古代陶瓷纹饰》《宋元陶瓷枕的考古学研究》《陶瓷枕具研究》《中国古代瓷枕初步研究》等。

（二）理学思想对陶瓷器五伦图装饰的影响

儒家倡导仁、义、礼、智、信，总称为“五常”①，是西汉董仲舒在《春秋繁露》一书中提出的概念，对儒家理学思想产生了深远影响。五常中每一个概念的内涵都十分丰富。仁是五常的核心，义、礼、智、信则体现了对人们各方面的规范。儒家的“五常”思想反映在造物方面，则形成了独具特色的造物思想。

受儒家造物思想的影响，我国古代陶瓷制作体现出仁、义、礼、智、信的内涵。

仁，简而言之指仁爱，仁者爱人，以人为本，对人宽厚且有爱心。儒家

① 曾振宇，范学辉．天人衡中：《春秋繁露》与中国文化[M]．开封：河南大学出版社，1998：182.

哲学思想中的“仁”反映在陶瓷制作方面，则突出体现了以人为本的思想。

义，通“宜”，要求人们根据仁的规范做事，也指在一定范畴内找到适宜的方法解决现存问题。从这一视角来看，义在古代造物思想中主要表现为以实际事物为基本出发点，按照客观规律办事，具体问题具体分析。

礼，在古代造物思想中强调事物的社会属性，要求陶瓷器物的制作符合社会礼仪和道德标准，强调通过陶瓷器具的形态、功能、材料、纹样，体现严谨的社会秩序，以达到规范和强化封建统治者统治的目的。

智，同知，涉及知的内容、性质、来源、效果等多个方面，既是一个道德范畴，也体现了人的行为规范知识，反映人们对于客观世界的正确认识，透过事物的现象看到事物的本质，具备知而不惑的辨别判断能力。儒家“五常”思想中的“智”，不仅局限于知识，还是一个综合性的概念，蕴含着丰富的内容。

信，是“五常”中“仁”的重要体现，简而言之指个体的道德修养，倡导言行一致。

“五伦说”是理学伦理学说的基本概念，最早由孟子提出。《孟子·滕文公上》中指出：“人之有道也，饱食暖衣裳，逸居而无教，则近于禽兽。圣人有忧之，使契为司徒，教以人伦——父子有亲，君臣有义，夫妇有别，长幼有序，朋友有信。”[①] 五伦是儒家先哲在“仁”的理念下提出的社会伦理道德标准，其对中国传统文化产生了巨大影响。尤其宋代时期，理学家将五伦作为社会道德基准，五伦思想对社会器物制造产生了较大影响。

理学的五伦思想对中国古代的传统艺术产生了较大影响。五伦图即是五伦思想在古代传统绘画方面的表现。五伦图，又称为叙伦图，在我国绘画中常以五种禽鸟为代表，以凤凰、仙鹤、鸳鸯、鹡鸰、黄莺这五种禽鸟寓意君臣、父子、夫妇、兄弟、朋友五种人伦关系。

凤凰在中国古代神话中为百鸟之王，因此五伦图中以凤凰代表君臣之道；

① 焦循．孟子正义[M]．北京：中华书局，1987：386.

仙鹤在古代传统文化中常以鸣声相和，以其表示父子之道；鸳鸯具有成双入对的习性，重视伴侣，以此代表夫妇之道；鹡鸰在中国传统文化中常象征兄弟情谊，在五伦图中代表兄弟之道；黄莺善于通过清脆的叫声呼朋引伴，在五伦图中代表朋友之道。

宋明理学的五伦思想反映在绘画艺术中起源于宋代。据清代《古芬阁书画记》记载，宋代画院在考试时以五伦为题，其中一位考生以五种具有象征意义的禽鸟寓意五伦，并拔得头筹，这样以鸟类寓意五伦的绘画创作才得以流传开来。我国古代绘画名家沈铨、任伯年、张熊、朱偁等均曾绘制过《五伦图》。

清代，伴随着陶瓷烧制工艺的提高，出现了陶瓷彩绘技术，为五伦图成为陶瓷器的纹饰提供了便利。尤其是清代粉彩工艺的提升，为陶瓷器上五伦图的创作提供了更大便利。五伦图作为瓷器纹样最早出现于清朝康熙时期，流行于以后各朝直至民国。

清代陶瓷五伦图的纹饰多设计成全景式，常以山坡、岩石、树木、花草、云天、池塘为背景，凤凰居于梧桐树下，鹤、鸳鸯等伴于左右，又有牡丹、灵芝、山石等陪衬其间。

理学的五伦思想，对君臣、父子、夫妇、兄弟、朋友五种人伦关系进行了揭示。受儒家比德理念的影响，人们以五对禽鸟象征五伦，取其象征意义，赋予五伦图陶瓷纹样以深刻的哲学和美学内涵。

（三）理学对“一年景”陶瓷纹样的影响

中国古代传统哲学思想以“天地之上为何物”作为出发点，对自然、社会和人生万象进行探索。宋代理学家受古代哲学“理一分殊”思想的影响，将“理”作为世界间的固然存在，通过“格物”的方式寻求世间万物中蕴含的“理”。以程朱等学者为代表的理学思想家对宋代以及宋代之后中国封建王朝的造物观产生了极其深远的影响。

无论文人士大夫还是平民百姓均以探究事物中的“理”为乐趣。以陶瓷纹样“一年景”为例。

“一年景”纹样是中国传统纹样之一，是自北宋初年开始流行的一种纹样，一般指将四个时节不同景物或花卉组合在一起的写实纹样。“一年景”一词最早出现于宋代陆游的《老学庵笔记》之中：“靖康初，京师织帛及妇人首饰衣服，皆备四时。如节物则春幡、灯球、竞渡、艾虎、云月之类，花则桃、杏、荷花、菊花、梅花皆并为一景，谓之一年景。”①

“一年景”纹样产生后由于寓意吉祥，受到历朝历代人们的喜爱，成为陶瓷等器物上常见的纹样。宋代陶瓷器物上的“一年景”纹样以四季花卉为主，构图方式多样。受宋代陶瓷器物上“一年景”纹样的影响，明清时期陶瓷器物上“一年景”纹样也以四季花卉为主，并且逐渐衍生出四季花装饰纹样，以及十二月花卉、百花等纹样。

纵观宋明清三代“一年景”或四时花卉纹样，四季代表花卉如下：春季代表性花卉包括牡丹、桃花、玉兰、海棠、山茶花、兰花；夏季代表性花卉则包括荷花、石竹、牵牛花、石榴花、绣球花、蜀葵；秋季代表性花卉包括菊花、桂花、月季、百合、萱草；冬季代表性花卉包括梅花、水仙、灵芝等（表 5-8）。

表5-8　“一年景”纹样特点一览表

朝代	花卉	纹样式样	代表陶瓷器
宋代	牡丹、莲、月季、山茶、菊花、桃花、梅花、海棠、石竹、扶桑、玉兰、栀子等	折枝式纹样 穿枝纹式纹样 组合式纹样	—

① 陆游．老学庵笔记［M］．杨立英，校注．西安：三秦出版社，2003：83.

续 表

朝代	花卉	纹样式样	代表陶瓷器
明代	牡丹、莲花、菊花、山茶组合，芙蓉、牵牛、菊、梅组合，牡丹、芙蓉、海棠、菊组合，牡丹、莲、菊、梅、芙蓉组合等	朵朵四季花、缠枝四季花、龙穿四季花、凤穿四季花等组合	明永乐青花四季花卉纹扁壶
清代	四季花卉、十二月花卉	迎春、桃、牡丹、石榴、荷、兰、桂花、菊、芙蓉、月季与梅	清康熙五彩十二月花神杯、清光绪粉彩百花不落地杯

资料来源:《宋代“一年景”纹样及当代应用价值的研究》《宋代“一年景”纹样在陶瓷装饰中的应用研究》等。

“一年景”纹样在陶瓷器上多以四时花卉的方式出现。“四时”即四季，古代先民很早就通过对自然界的观察，了解了植物春生夏长，秋收冬藏的习性，并将“四时”作为划分时间的重要线索。“一年景”纹样体现了古代民众对自然万物生命节律的探寻，以及对生命和自然的敬畏，体现了人们在陶瓷装饰中对自然界之“理”的探索，以及对“自然之理”的艺术表达。

（四）理学对陶瓷龙纹的影响

龙，自古以来即是中华民族传说中的神物，属于四灵之长，早在夏朝即成为炎黄子孙的文化象征，代表江山社稷和九五之尊。中国古代陶瓷器上的龙纹图案经历了史前的图腾崇拜阶段、奴隶和封建社会的皇权象征、近现代的文化符号和民族标志等多个标志性阶段。

我国陶瓷器上的龙纹饰内涵受不同阶段龙的象征意义的影响较大。陶瓷器上的龙纹伴随着瓷器的烧造技术而不断发展。纵观我国龙纹饰的发展，其大体经历了东汉至唐代，五代至元时期，以及明清时期三个阶段（表 5-9）。

表5-9　历代陶瓷龙纹一览表

阶段	朝代	龙纹特征
早期	东汉至唐	龙的形体带有比较大的随意性，形制取决于器物的装饰需要，着重龙首的艺术效果，所以龙角卷曲，嘴部刻画细腻，但身躯较呆板，颈、腹、尾变化不大，龙爪似蹄
中期	五代至元	龙身多数披鳞，身、尾界限清晰，体格有强壮的也有纤细的，龙首有角、发，却无双须，龙爪一般为三趾
晚期	明清	龙作蛇形，龙首之鬣、发、须齐全，身躯矫健、爪以四五趾为主

资料来源：《宋代至清代陶瓷龙纹装饰特征演变研究》《原始社会至唐代龙凤纹的演变及规律分析》等。

陶瓷器上的龙纹自唐代开始即与封建皇权结下了不解之缘。然而，直到宋代，受宋明理学的影响，陶瓷器上的龙纹才与封建王权结合得更加紧密（表5-10）。

表5-10　古代陶瓷龙纹装饰风格与类型一览表

朝代	装饰技法	风格	类型	与封建王权关系
宋	刻、划、印、贴	追求形似，注重细节描绘，构图以少分层、对称式、均衡式、单独纹样为主	云龙纹	平安、吉祥的向往与寄托
元	以工笔青花为主，出现了釉上五彩技法	高大威猛，粗犷豪放，构图满而多分层，多位于陶瓷器的腹部或中心位置	云龙纹、海水龙纹、戏珠龙纹等龙纹组合多样化	民间禁用双角五爪龙、八龙、九龙等龙纹，龙纹逐渐变为封建帝王权威的象征
明	青花、釉里红、红釉、斗彩、五彩、绿彩、黄彩、红彩，以及颜色釉装饰	风格精致、秀气，龙纹趋于写实，凶猛威武且多样化，色彩富丽，设色浓郁，以分层少的满画式为主	龙纹、戏珠龙纹、云龙纹、穿花龙纹、龙凤纹、海水龙纹、团龙纹、螭龙纹	封建王权对龙纹的控制更加严格，禁止百姓使用任何龙纹陶瓷器皿

续 表

朝代	装饰技法	风格	类型	与封建王权关系
清	装饰技法非常丰富、层出不穷，以粉彩、法珐彩装饰为主	形态写实，设色艳丽，构图形式多样化且日臻完美	团龙纹、蟠龙纹、螭龙纹、行龙纹、云龙纹、海水龙纹、穿花龙纹、九龙纹、十龙纹、二龙戏珠纹、教子升天纹、龙凤呈祥纹、鱼龙纹	允许民间使用三爪龙和四爪龙，五爪以上不允许民间使用

资料来源：《宋代至清代陶瓷龙纹装饰特征演变研究》《原始社会至唐代龙凤纹的演变及规律分析》等。

古代陶瓷器上的龙纹装饰呈现出强烈的时代性特点，伴随着陶瓷烧造技术的发展，陶瓷器上的龙纹装饰技法逐渐从单一朝着丰富化发展，呈现出清晰的、有规律的变化。

古代陶瓷器上龙纹装饰的风格受历代审美风格的影响，发生了较大变化。宋代龙纹饰清丽秀雅，元代粗犷豪放，明代秀丽精致，清代则逐渐趋于程式化。

从历代陶瓷器上龙纹饰的组合类型和构图方式来看，宋代陶瓷器上的龙纹大多单独出现，且多位于陶瓷器物的主要装饰位置。元代陶瓷器造型相对高大，龙纹装饰构图多分层。明代陶瓷龙纹构图逐渐朝着规范化发展，构图形式多样化。清代，陶瓷龙纹构图日趋成熟，形成了分层式、满画式、开光式等固定构图形式，此外新的辅助纹饰不断出现，使得龙纹图样更加丰富多彩。

从陶瓷龙纹使用人群来看，自唐代以来，龙纹被封建统治者视为封建王权的象征。宋代，理学兴起，从伦理道德视角论证了封建王权的合理性，为加强中央集权奠定了基础。宋代瓷器龙纹装饰的使用范围广泛，宫廷用器和民间用器上的龙纹发展并驾齐驱。宋代宫廷用的龙纹突出龙的威严，金碧辉煌、精巧繁缛；民间使用的龙纹寓意吉祥、素雅秀美。

自元代开始，封建政权限制民间龙纹的使用，并且对民间龙纹的图样进行了严格限制。明代禁止民间使用龙纹，清代则放宽了民间龙纹的使用，允许民间使用部分龙纹。

从宋元明清四代陶瓷龙纹的使用来看，尽管宋代封建王朝并不限制民间使用龙纹，然而加强了官方陶瓷器龙纹的威严形象。伴随着宋理学的兴起与发展，受理学理性化和伦理化审美的影响，陶瓷器上的纹饰也被赋予更多的伦理内涵，如龙纹被赋予了较强的王权内涵和封建伦理礼制情感，而这也对陶瓷龙纹的使用人群、组合图样产生了深刻影响。

综上所述，古代陶瓷器上的龙纹在等级森严的封建社会是统治者的象征。陶瓷产品上的龙纹具有华丽、蒸腾、兴旺的含义，彰显出威武、刚健有力，不可一世的仪态，表达了富丽、辉煌而不可动摇的封建社会礼制象征情感。

三、理学思想对中国古代陶瓷釉色的影响

宋明理学思想重视和强调个人道德修养，倡导理想人格，构建了多层面的儒家理想人格范型。早在先秦时期，以孔孟为代表的先秦儒家即倡导“君子人格”。宋明理学家在先秦儒家思想的基础上进一步对君子人格进行了完善。

（一）儒家理想人格的特征及修养方法

一般而言，儒家倡导的“君子人格”，包括仁爱精神、济世情怀、中庸品质、气节操守、献身精神。

1. 仁爱精神

儒家倡导“仁”，并将“仁”视作君子应具备的首要美好品格。宋明理学作为儒学的分支也十分重视“仁”，将其当作伦理道德要求的重要构成要素，反映君子同情、关心、爱护以及尊重他人的精神。

2. 济世情怀

君子除了不断完善个人的心性道德之外，还应注重经世致用，具有济世精神和情怀。宋初张载的“为天地立心，为生民立命，为往圣继绝学，为万世开太平”即体现了君子为构建理想社会而奋斗和进取的情怀。

3. 中庸品质

中庸，又称“中道”“中行”，指人的言行不偏于对立的任何一方，使对立双方互相平衡、互相补充，保持在无过无不及的理想状态。理学思想同样倡导君子的中庸品质。

4. 气节操守及献身精神

君子不仅要具有中庸品质，而且要注重气节操守，富有献身精神，这种精神鼓舞无数中华儿女在国家民族存亡之际挺身而出，慷慨捐躯，从容就义。

先秦儒家倡导的君子人格，经过宋明理学家的进一步阐释，成为文人士大夫“内圣外王”的普遍理想。

宋明理学家在倡导儒家君子理想人格的同时，还提出了一套完整的人格修养方法，即通过反身内省、主敬、存心养性、重学与力行等方法实现君子人格。

宋明理学家对君子人格的重视和倡导反映在陶瓷器物的制作上，则通过陶瓷色彩、陶瓷纹样装饰等体现出来。

（二）宋明理学倡导的君子人格对宋明陶瓷釉色的影响

中国古代陶瓷的釉色十分丰富，既存在大量单色釉陶瓷，也存在大量多色釉陶瓷。纵观中国古代的单色釉陶瓷，以青瓷和白瓷最受人们的欢迎。青瓷和白瓷在中国古代陶瓷史上均具有悠久的历史。

早在唐代即形成了“南青北白”的陶瓷釉色，宋代受理学影响，青釉瓷器由于素淡、雅致的釉色，以及温润如玉的质感而获得了大众的喜爱。其中，汝窑烧制的天青色釉陶瓷，蓝而不艳、灰而不暗、青而不翠，给人以玉石之感，被人描绘为“雨过天晴云破处”。

宋明理学倡导的君子人格兼具仁义礼智信的特点。中国古代用玉比拟君子。孔子在《礼记》中记载玉有“十一德”，即儒家的仁、知、义、礼、乐、忠、信、天、地、德、道。[①] 管仲指出玉有“九德”[②]，《荀子》指出玉有“七德”[③]，刘向《说苑·别录》中记载玉有“六美”[④]。东汉的许慎在《说文解字》中以玉的“五德”来比拟君子的五德：“润泽以温，仁之方也；鳃理自外，可以知中，义之方也；其声舒扬，专以远闻，智之方也；不折不挠，勇之方也；锐廉而不忮，洁之方也。”[⑤]

经过历朝历代思想家对玉德的比拟，以及归纳，东汉时期，我国传统玉文化中的“玉德”思想逐渐发展成熟。古代文人常以玉来类比君子，玉逐渐成为君子之道、传统礼制以及儒家仁德的象征。

玉器自古以来即因其材质坚硬，色泽柔和，质地温润而备受人们的喜爱，常用来制作国家祭祀活动中的礼器，在社会上拥有较高的地位。然而，玉器的开采和制作成本较高，且玉料由于不断使用而逐步减少。随着陶瓷烧制工艺的发展，陶瓷这种价格低廉、适用性强，且釉色多变的器具，逐渐成为人们日常生活中不可或缺的工具，甚至成为国家祭祀活动中的礼器，代替了玉石的礼器功能。

青瓷由于釉色与玉相近，逐渐形成青瓷“尚玉”的审美风尚。陆羽在《茶经》中即记载“越瓷如玉”[⑥]。宋代，陶瓷烧制工艺达到高峰，青瓷釉料中氧化

① 戴圣．礼记[M]. 陈澔，注．上海：上海古籍出版社，2016：699-700.

② 刘向．管子[M]. 房玄龄，注．上海：上海古籍出版社，2015：286.

③ 荀况．荀子[M]. 杨倞，注．上海：上海古籍出版社，2014：364.

④ 卢元骏．说苑今注今译[M]. 天津：天津古籍出版社，1988：601.

⑤ 许慎．说文解字[M] 北京：民主与建设出版社，2017：10.

⑥ 唐陆羽．茶经译注[M]. 宋一明，译注．上海：上海古籍出版社，2018：30.

钙的含量降低，釉的性质也发生了改变，从石灰釉转化为石灰碱釉，烧制出来的青瓷釉色呈半透明或不透明状，光泽柔和。尤其是南宋中后期龙泉窑烧制的粉青、梅子青等釉色光泽淡雅柔和，其釉色可与碧玉和翡翠相媲美，“厚如凝脂，温润而泽”，使得青釉瓷呈现出“类玉”的质感。

宋代青瓷烧制技艺成熟，烧制出的青瓷釉色和质感“如玉”，因此陶瓷礼器代替了传统玉石、青铜等材质的礼器。宋代烧制出一批青色釉的琮式瓶、出戟尊、三足尊、爵杯、觚式瓶、簋式炉等仿古礼器。

综上所述，青釉瓷的“尚玉”审美风尚中蕴含着“以玉比德”的思想，寄托着儒家仁德。宋明理学作为儒家的重要历史分支，不仅肯定君子比德，而且将君子视作个人道德修养的重要目标。宋明理学对君子德行的重视，对我国青釉瓷的烧制产生了较大影响。

结论

中国是陶瓷的故乡，中国古代陶瓷艺术的发展源远流长，数千年来中国陶瓷文化的传承和延伸，为人类历史文明做出了杰出的贡献。陶瓷作为一种工艺制品，是中国古代常见的器具类型。陶瓷兼具物质功能和精神功能，除了满足人类的实用价值之外，还蕴含着独特的精神内涵。

从陶瓷功能来看，古代陶瓷除了实用功能之外，通常还具有较强的精神功能。不同功能的陶瓷使用人群、使用场所、使用时间也不尽相同。受我国古代哲学的影响，陶瓷除了日用功能、陈设功能之外，还具备礼器功能。

从陶瓷造型来看，古代陶瓷造型丰富而庞杂，或浑圆饱满，或修长挺拔，或端庄典雅，或雍容富贵，或淳朴天成，或精细小巧……不一而足，蔚为大观。陶瓷造型受陶瓷物质功能和精神功能的影响，同时还受到中国古代哲学思想的较大影响。

从陶瓷装饰来看，古代陶瓷装饰手法千变万化，丰富多彩，既有变化万千，各具风姿的陶瓷色釉装饰，又有丰富的陶瓷装饰技法。此外，陶瓷装饰纹样也呈现出多姿多彩的特点。陶瓷装饰除受到陶瓷烧造工艺以及时代审美的影响之外，还与中国古代哲学思想之间存在着千丝万缕的联系。

总而言之，古代哲学思想根植于中国传统文化，同时对中国传统文化以及造物观有着重要影响。陶瓷作为中国古代重要的工艺品，受古代哲学的影响较大，涉及功能、造型、装饰等各个方面。本书从中国古代哲学思想着手，结合古代陶瓷文化，对中国古代陶瓷中蕴含的古代哲学思想进行了深入分析。

本书具有较强的理论性，以期开创古代陶瓷研究的新视角，然而中国古代哲学思想和古代陶瓷文化博大精深，笔者虽然尽力查阅相关资料，但是限于能力与学识，如书中有未尽之处，祈望读者不吝指教。

参考文献

[1] 朱琰 . 陶说 [M]. 上海：商务印书馆，1936.

[2] 中共中央马克思恩格斯列宁斯大林著作编译局 . 马克思恩格斯选集：第 4 卷 [M]. 北京：人民出版社，1972.

[3] 段玉裁 . 说文解字注 [M]. 上海：上海古籍出版社，1981.

[4] 朱熹 . 四书集注 [M]. 长沙：岳麓书社，1985.

[5] 江苏省宜兴陶瓷工业学校 . 陶瓷工艺学 [M]. 北京：轻工业出版社，1985.

[6] 陆游 . 陆放翁全集 [M]. 北京：中国书店，1986.

[7] 焦循 . 孟子正义 [M]. 北京：中华书局，1987.

[8] 陈鼓应 . 庄子今注今译 [M]. 北京：中华书局，1988.

[9] 李知宴 . 中国古代陶瓷 [M]. 北京：商务印书馆，1998.

[10]卢元骏 . 说苑今注今译 [M]. 天津：天津古籍出版社，1988.

[11]董仲舒 . 春秋繁露 [M]. 上海：上海古籍出版社，1989.

[12]宋濂 . 洪武圣政记 [M]. 北京：中华书局，1991.

[13]尹协理 . 宋明理学 [M]. 北京：中国书籍出版社，1993.

[14]梁子 . 中国唐宋茶道 [M]. 西安：陕西人民出版社，1994.

[15]房玄龄 . 晋书 [M]. 长春：吉林人民出版社，1995.

[16]曾振宇，范学辉 . 天人衡中：《春秋繁露》与中国文化 [M]. 开封：河南大学出版社，1998.

[17]张节末 . 禅宗美学 [M]. 杭州：浙江人民出版社，1999.

[18]冯先铭 . 中国陶瓷 [M]. 上海：上海古籍出版社，2001.

[19]余勇，张亚林．常用陶瓷装饰纹样[M]．南昌：江西美术出版社，2002.

[20]铁源．明清瓷器纹饰鉴定：博古文字卷[M]．北京：华龄出版社，2002.

[21]赵坤，胡存喜．景德镇名瓷鉴赏与收藏[M]．上海：汉语大词典出版社，2003.

[22]陆游．老学庵笔记[M]．杨立英，校注．西安：三秦出版社，2003.

[23]刘宏彬评析．老子[M]．武汉：崇文书局，2004.

[24]杨静荣．颜色釉瓷鉴定与鉴赏[M]．南昌：江西美术出版社，2004.

[25]许之衡．饮流斋说瓷[M]．北京：中华书局，2005.

[26]上海博物馆．中国古代白瓷国际学术研讨会论文集[M]．上海：上海书画出版社，2005.

[27]叶喆民．中国陶瓷史[M]．北京：生活·读书·新知三联书店，2006.

[28]郭仁成．尚书今古文全璧[M]．长沙：岳麓书社，2006.

[29]华文图景．紫砂壶收藏实用解析[M]．北京：中国轻工业出版社，2007.

[30]王建华．紫砂壶收藏鉴赏百科[M]．北京：华龄出版社，2008.

[31]李可染．师牛堂艺语[M]．南京：江苏文艺出版社，2009.

[32]叶志衡点注．庄子[M]．青岛：青岛出版社,2009.

[33]中华文化通志编委会编．中华文化通志：第6典哲学志[M]．上海：上海人民出版社，2010.

[34]司马迁．史记[M]．长春：时代文艺出版社，2011.

[35]刘文英．中国哲学史：上卷[M]．天津：南开大学出版社，2012.

[36]周汝昌选注．杨万里选集[M]．上海：上海古籍出版社，2012.

[37]申少君．中国画色彩的独立语言[M]．合肥：安徽美术出版社，2013.

[38]刘兰华，张南南．中国古代陶瓷纹饰[M]．北京：紫禁城出版社，2013.

[39]方李莉．中国陶瓷史[M]．济南：齐鲁书社，2013.

[40]李耳．老子[M]．河上公，王弼，注．上海：上海古籍出版社，2013.

[41]林清玄．清欢玄想[M]. 石家庄：河北教育出版社，2014.

[42]荀况．荀子[M]. 杨倞，注．上海：上海古籍出版社，2014.

[43]郝铭鉴．咬文嚼字：合订本2007[M]. 上海：上海文化出版社，2015.

[44]刘向．管子[M]. 房玄龄，注．上海：上海古籍出版社，2015.

[45]路西．心理学的故事：心理学就是这么有趣[M]. 北京：中国华侨出版社，2015.

[46]蒋义海．中国画知识大辞典[M]. 南京：东南大学出版社，2015.

[47]赵宏．中国陶瓷文化史：上册[M]. 北京：中国言实出版社，2016.

[48]戴圣．礼记[M]. 陈澔，注．上海：上海古籍出版社，2016.

[49]张亚林，江岸飞．中国陶瓷设计史[M]. 南昌：江西美术出版社，2016.

[50]张亚林，姜现甲．中国仿生陶瓷造型设计研究[M]. 南昌：江西美术出版社，2016.

[51]刘安．淮南子[M]. 许慎，注．上海：上海古籍出版社，2016.

[52]杨黎．和合之美：先秦儒家理想人格的美学研究[M]. 武汉：湖北人民出版社，2016.

[53]夏侯辉，夏侯文．龙泉青瓷装饰研究[M]. 上海：上海辞书出版社，2017.

[54]祁海文．中国美育思想通史：先秦卷[M]. 济南：山东人民出版社，2017.

[55]许慎．说文解字[M]. 北京：民主与建设出版社，2017.

[56]张居正．张居正直解《孟子》：上[M]. 北京：中国言实出版社，2017.

[57]陈士龙．历代瓷器收藏与鉴赏：中国 上册[M]. 长沙：湖南美术出版社，2017.

[58]赵清文译注．孟子[M]. 北京：华夏出版社，2017.

[59]李泽厚．中国古代思想史论[M]. 北京：生活·读书·新知三联书店，2017.

[60]潘知常．中国美学精神[M]. 南京：江苏人民出版社，2017.

[61]赵佶．大观茶论[M]. 日月洲，注．北京：九州出版社，2018.

[62]庄子．庄子[M]. 萧无陂，注译．长沙：岳麓书社，2018.

[63]孔丘．诗经[M]．西安：三秦出版社，2018.

[64]李耳，庄周．老子·庄子[M]．张溢，注译．上海：上海大学出版社，2018.

[65]朱广宇．中国古代陶瓷所体现的造物艺术思想[M]．南京：东南大学出版社，2018.

[66]戴圣．礼记精华[M]．傅春晓，译注．沈阳：辽宁人民出版社，2018.

[67]陆羽．茶经译注[M]．宋一明，译注．上海：上海古籍出版社，2018.

[68]陈继儒．小窗幽记[M]．西安：三秦出版社，2018.

[69]宋应星．天工开物[M]．中共新余市委政策研究室，译．南昌：江西科学技术出版社，2018.

[70]纪昀．阅微草堂笔记：注释本[M]．沈清山，注．武汉：崇文书局，2018.

[71]孔子．论语[M]．杨伯峻，杨逢彬，注译．长沙：岳麓书社，2018.

[72]孟轲．孟子[M]．西安：三秦出版社，2018.

[73]爱新觉罗·允禄．皇朝礼器图式：乾隆时期武英殿刊本[M]．北京：北京燕山出版社，2018.

[74]李学川．针灸逢源[M]．孙洋，刘奇，校注．北京：中国中医药出版社，2019.

[75]许慎．全彩图解说文解字[M]．南昌：江西美术出版社，2019.

[76]刘锚锚．"陶"向"瓷"的过渡与并存[M]．北京：中国书籍出版社，2019.

[77]赵宏．中国陶瓷历史地理[M]．北京：中国致公出版社，2019.

[78]杨燚锋，黄文杰．宁波青瓷文化[M]．宁波：宁波出版社，2019.

[79]万剑．中国古代缠枝纹装饰艺术史[M]．武汉：武汉大学出版社，2019.

[80]乔秀强．"窑变"与钧瓷意境探微[M]．沈阳：辽宁大学出版社，2019.

[81]陈望衡．中国古典美学史：上卷[M]．南京：江苏人民出版社，2019.

[82]周昌乐．禅悟的实证：禅宗思想的科学发凡[M]．北京：中国书籍出版社，2019.

[83]中国学术名著提要编委会．中国学术名著提要：隋唐五代编[M]．上海：复旦大

学出版社，2019.

[84]李定广评注．中国诗词名篇名句赏析：下[M]. 北京：华文出版社， 2020.

[85]汤苏婴．浙江宋代青瓷堆塑瓶初探[J]. 收藏家，2008(3)：65-70.

[86]张雯．清代瓷瓶珍萃[J]. 收藏家，2011(8)：23-28.

[87]王健丽．鸡首壶的演变与发展[J]. 收藏家，2011(7)：54-58.

[88]冯赐杭．双联瓶[J]. 上海集邮，2012(6)：16.

[89]张亚林，吴紫薇．鸡首壶演变的四阶段分析[J]. 装饰，2015(11)：128-129.

[90]王智鸿，李锋，邵庄．传统日用陶瓷设计的禅学之美[J]. 陶瓷学报，2016，37(6)：755-758.

[91]方昭远．省油灯小考[J]. 湖南省博物馆馆刊，2016(1)：416-428，21-22.

[92]王丽丽．明清德化窑陶瓷器皿造型研究[J]. 山东陶瓷，2017，40(5)：21-27.

[93]王诗菡．宋代“一年景”纹样及当代应用价值的研究[D]. 北京：北京服装学院，2018.

[94]张迪．河南出土唐代花釉瓷的地域特征和彩斑装饰特点[J]. 东方收藏，2018(4)：36-41.

[95]薛冰，李胜疆，乔磊．宋代陶瓷礼器的起源与发展[J]. 中国陶瓷工业，2021，28(2)：40-44.

[96]刘进．宋代“一年景”纹样在陶瓷装饰中的应用研究[D]. 景德镇：景德镇陶瓷大学，2021.

[97]聂花菲．从宋代的陶瓷造型中发现美学思想[J]. 陶瓷研究，2021，36(1)：74-76.

[98]侯俊绮．论陶瓷绘画艺术的意境美学[J]. 陶瓷研究，2021，36(2)：121-123.

[99] 翁梅，吕技．简析唐宋陶瓷工艺美术的美学[J]. 艺术大观，2021(18)：43-44.

[100]庄晓鹏．陶瓷茶具的造型设计与艺术性表现方式探讨[J]. 陶瓷，2021(2)：155-

156.

[101]江寒雪，张晓芹．试论多管瓶由明器向插花器的功能转换之原因[J]．陶瓷研究，2021，36(4)：30-33.

[102]朱广宇．论中国古代陶瓷所体现的造物艺术思想[D]．南京：东南大学，2005.

[103]龙鹰．论禅思想下的水墨画意境与青花山水画创作[D]．景德镇：景德镇陶瓷学院，2008.

[104]王雪艳．中国古瓷婴戏纹研究[D]．景德镇：景德镇陶瓷学院，2008.

[105]方琼琳．中国传统陶瓷牡丹纹装饰特征演变研究[D]．景德镇：景德镇陶瓷学院，2009.

[106]杨柳．原始社会至唐代龙凤纹的演变及规律分析[D]．北京：中国地质大学，2010.

[107]陈小俊．藏礼于器[D]．杭州：中国美术学院，2010.

[108]刘静．陶瓷艺术的装饰美[D]．景德镇：景德镇陶瓷学院，2011.

[109]王京成．中国古代陶瓷盛酒器的造型特点研究[D]．济南：山东艺术学院，2011.

[110]马莎．古代陶瓷礼器造物观对现代陶瓷礼品设计的启示[D]．景德镇：景德镇陶瓷学院，2012.

[111]李岩．宋代陶瓷斟酒器造型设计研究[D]．景德镇：景德镇陶瓷学院，2012.

[112]尉冬冬．明清时期景德镇瓷器教子纹饰考析[D]．景德镇：景德镇陶瓷学院，2012.

[113]孙金玲．唐明之间中国瓷质酒具造型演变的规律[D]．景德镇：景德镇陶瓷学院，2012.

[114]魏艺敏．宋代陶瓷香熏炉造型特征研究[D]．景德镇：景德镇陶瓷学院，2012.

[115]高成温．花釉装饰语言研究[D]．北京：清华大学，2013.

[116]黄金谷．光泽与象征：中国传统瓷釉的精神内涵研究[D]．南京：南京师范大学，

2013.
[117]许哲．魏晋南北朝及隋时期鸡首壶研究[D].长春：吉林大学，2013.
[118]王越．明代青花瓷器人物纹饰研究[D].南京：南京艺术学院，2013.
[119]谢丽丽．宋代陶瓷酒具的功能与审美研究[D].景德镇：景德镇陶瓷学院，2013.
[120]付绒．宋代婴戏图绘画与磁州窑婴戏纹饰比较研究[D].景德镇：景德镇陶瓷学院，2014.
[121]信钰．晚明"隐逸"题材陶瓷青花纹饰研究[D].景德镇：景德镇陶瓷学院，2014.
[122]杨浩淼．河南地区唐宋金时期黑釉瓷器的类型与分期[D].郑州：郑州大学，2014.
[123]孔超．陶瓷枕具研究[D].上海：复旦大学，2014.
[124]赵晓芳．中国古代瓷枕初步研究[D].呼和浩特：内蒙古大学，2014.
[125]晏加飞．明末清初青花山水瓷画中的隐逸思想研究[D].景德镇：景德镇陶瓷学院，2015.
[126]余雪．宋代至清代陶瓷龙纹装饰特征演变研究[D].景德镇：景德镇陶瓷学院，2015.
[127]刘笑雨．宋代茶器的禅宗美学研究[D].景德镇：景德镇陶瓷学院，2015.
[128]熊玉军．陶瓷酒具的历史演变研究[D].保定：河北大学，2015.
[129]谭杰．论点、线、面在陶瓷釉下五彩山水构成中的美学体现[D].景德镇：景德镇陶瓷学院，2015.
[130]谢莹．明末民间青花装饰的设计研究[D].景德镇：景德镇陶瓷大学，2016.
[131]张濯清．生态视野下的宋代绘画[D].武汉：华中师范大学，2016.
[132]岳琨．从功能的角度解析宋代瓷质执壶造型设计[D].景德镇：景德镇陶瓷大学，2016.
[133]乔宇．中国不同历史时期的饮食器具设计研究[D].北京：北京理工大学，

2016.

[134]胡笑非 . 佛教莲花纹样的审美分析 [D]. 南昌：江西科技师范大学，2016.

[135]魏洁 . 唐宋香炉设计研究 [D]. 无锡：江南大学，2017.

[136]刘俊 . 返璞归真：柴烧陶瓷艺术中的审美特征 [D]. 南昌：南昌大学，2018.

[137]聂璐铭 . 中国北方地区北朝至唐代黑釉瓷器的考古学研究 [D]. 长春：吉林大学，2018.

[138]江文雯 . 宋代多管瓶瓷器研究 [D]. 景德镇：景德镇陶瓷大学，2019.

[139]刘辉 . 宋元陶瓷枕的考古学研究 [D]. 长春：吉林大学，2019.

[140]钟小珍 . 传统陶瓷碗结构与功能设计研究 [D]. 景德镇：景德镇陶瓷大学，2020.

[141]牛钿仪 . 明清时期花鸟画题材彩绘瓷研究 [D]. 西安：西北大学，2021.

[142]黄菊 . 中国花鸟画对明代青花瓷“花鸟纹饰”的影响研究 [D]. 景德镇：景德镇陶瓷大学，2021.

[143]宋芳斌 . 两宋时期绘画艺术传播研究 [D]. 南京：东南大学，2021.

[144]金佳雯 . 晚明青花瓷中的女性形象研究 [D]. 景德镇：景德镇陶瓷大学，2021.

[145]贺子琪 . 唐宋陶瓷香炉仿生形制演变研究 [D]. 景德镇：景德镇陶瓷大学，2021.